Autoridade

Richard Sennett

Autoridade

Tradução de
VERA RIBEIRO

3ª edição

EDITORA RECORD
RIO DE JANEIRO • SÃO PAULO
2014

CIP-Brasil. Catalogação-na-fonte
Sindicato Nacional dos Editores de Livros, RJ.

S481a Sennett, Richard, 1943-
3ª ed.   Autoridade / Richard Sennett; tradução de Vera
Ribeiro. – 3ª ed. – Rio de Janeiro: Record, 2014.

Tradução de: Authority
ISBN 978-850-106015-0

1. Autoridade. I. Título.

01-1206
                    CDD – 303.36
                    CDU – 316.462

Título original em inglês:
AUTHORITY

Copyright © 1980 by Richard Sennett

Todos os direitos reservados. Proibida a reprodução, armazenamento ou transmissão de partes deste livro através de quaisquer meios, sem prévia autorização por escrito.
Proibida a venda desta edição em Portugal e resto da Europa.

Direitos exclusivos de publicação em língua portuguesa para o Brasil adquiridos pela
DISTRIBUIDORA RECORD DE SERVIÇOS DE IMPRENSA S.A.
Rua Argentina 171 – 20921-380 Rio de Janeiro, RJ – Tel.: 2585-2000
que se reserva a propriedade literária desta tradução

Impresso no Brasil

ISBN 978-850-106015-0

Seja um leitor preferencial Record.
Cadastre-se e receba informações sobre nossos lançamentos e nossas promoções.

EDITORA AFILIADA

Atendimento e venda direta ao leitor:
mdireto@record.com.br ou (21) 2585-2002.

Para Dorothy Sennett

Sou o pai que na infância te faltou e por cuja ausência tanto e tantas dores sofreste. Eis quem sou.

Não é sensato te deixares levar por tamanho espanto ante a presença de teu pai. Nenhum outro Odisseu jamais terás diante dos olhos, pois ele e eu somos o mesmo, um só.

— *Odisséia*, Canto XVI

Sumário

Agradecimentos 11
Introdução 13

I. NEGAÇÃO

1. O medo da autoridade 27

2. Paternalismo: uma autoridade do amor falso 73

3. Autonomia: uma autoridade sem amor 117

II. RECONHECIMENTO

4. A consciência infeliz 169

5. Autoridade visível e legível 219

6. Autoridade e ilusão 253

Índice remissivo 261

Agradecimentos

Este livro teve início como uma Conferência em Memória de Sigmund Freud, na Universidade de Londres, em 1977. Quero agradecer aos responsáveis por essa série de conferências, em particular ao professor Richard Wollheim, por me haverem convidado. As pesquisas e a redação subseqüentes deste livro foram possibilitadas por uma verba da National Science Foundation.

Muitos amigos me ajudaram com sua orientação e suas críticas. Eu gostaria de agradecer especialmente a Susan Sontag, Loren Baritz, Thomas Kuhn, Daniel Bell, David Rieff, Rosalind Krauss, Anthony Giddens e David Kalstone.

Como sempre, Robert Gottlieb e a equipe da editora Alfred A. Knopf, Inc. foram solidários e eficientes.

R.S.

Introdução

Este livro é o primeiro de quatro ensaios inter-relacionados sobre os laços afetivos da sociedade moderna. Quero compreender como as pessoas estabelecem compromissos afetivos entre si, o que acontece quando tais compromissos não são cumpridos ou inexistem, e quais são as formas sociais assumidas por esses vínculos. É mais fácil observar os compromissos afetivos que ocorrem na família do que numa fábrica, mas a vida emocional dos grandes conglomerados é igualmente real. Sem laços de lealdade, domínio e fraternidade, nenhuma sociedade e nenhuma de suas instituições poderiam funcionar por muito tempo. Os laços afetivos, portanto, têm conseqüências políticas. Muitas vezes, unem pessoas em detrimento de seus próprios interesses, como quando um povo sente-se leal a um líder carismático que lhe rouba a liberdade. Vez por outra, a necessidade de satisfazer as relações afetivas leva as pessoas a se voltarem contra instituições que lhes parecem inadequadas. Essas relações complexas entre a psicologia e a política são o tema dos quatro livros de estudo sobre laços afetivos.

O presente ensaio dedica-se à autoridade; o segundo abordará a solidão; o terceiro, a fraternidade; e o quarto, os rituais. O vínculo de autoridade constrói-se a partir de imagens de força e fraqueza; é a expressão emocional do poder. A solidão é a percepção de estar isolado de outras pessoas, da inexistência de um vínculo. A fraternidade baseia-se em imagens de semelhança; é uma emoção provocada pelo sentimento do "nós", seja em termos nacionais, sexuais ou políticos. O ritual é o vínculo mais passional e menos consciente de todos; é uma união afetiva alcançada por meio do drama. À medida que o projeto global for progredindo, pretendo correlacionar esses quatro temas, porém cada livro foi projetado para ser um ensaio independente.

A palavra "vínculo" tem um duplo sentido. É uma ligação, mas é também, como em "servidão", um limite imposto.* Nenhuma criança poderia evoluir sem o sentimento de confiança e amparo que provém da crença na autoridade de seus pais; no entanto, na vida adulta, muitas vezes se teme que a busca dos benefícios emocionais da autoridade transforme as pessoas em dóceis escravos. Similarmente, a fraternidade é uma ligação entre adultos que pode facilmente transformar-se em um pesadelo: pode provocar uma agressão hostil contra as pessoas de fora ou uma luta interna sobre quem "realmente" faz parte do grupo. A solidão parece ser uma falta de ligação e, por conseguinte, uma falta de limites. Mas pode ser tão dolorosa que as pessoas se comprometem às cegas com um casamento, um emprego ou uma comunidade, embora descubram que, em meio às demais, continuam sozinhas. O ritual unifica, mas é um sentimento de união estranho, porque desaparece no instante em que o ritual termina.

---

*O termo inglês *bond*, com seu sentido geral de tudo o que ata, liga, une ou refreia, admite também as traduções por laço, liame, nó, compromisso, obrigação, servo ou escravo e, em sua forma plural, grilhões; aparece como radical do termo *bondage*, que significa servidão, escravidão ou sujeição. (*N. da T.*)

Um dos resultados da ambigüidade dos laços afetivos é que eles raramente são estáveis. Essa instabilidade é apreendida no significado fundamental do termo "emoção". Em *De Anima*, Aristóteles falou da emoção como o princípio do movimento na experiência humana; a raiz latina da palavra é *movere*, "mover". Mas suas origens também sugerem um sentido mais amplo da emoção do que a simples instabilidade. Ocorrem mudanças no que sentimos, como escreveu Aristóteles, porque a inveja, o ciúme, a raiva e a compaixão resultam de sensações que são objeto de reflexão. Não se trata de simples sensações; elas são sensações sobre as quais pensamos. Esse processo nos permite agir no mundo, a fim de afetá-lo e modificá-lo. Se não sentíssemos, não estaríamos inteiramente despertos, escreveu Aristóteles, e aconteceriam pouquíssimas coisas em nossas vidas.

Essa idéia, aparentemente sensata, não foi dominante na história da psicologia. Muitos dos contemporâneos de Aristóteles julgavam que as emoções eram impostas aos homens pelos deuses; essa visão ressurgiu na Idade Média, de tal sorte que a luxúria era tida como a expressão da voz do diabo, a compaixão era um eco da voz de Deus em Seu amor pelo homem, e assim por diante. Descartes escreveu sobre a emoção um tratado que fez reviver as idéias de Aristóteles, mas a maioria de seus contemporâneos científicos vinha substituindo as superstições medievais por conceitos da emoção como um conjunto de estados puramente fisiológicos, como na idéia dos "humores" corporais. A fisiologia moderna, até data bem recente, tendia a separar a cognição e o afeto, o pensamento e a emoção. Nos primórdios de sua história, a psicanálise teve uma teoria pouco desenvolvida dos afetos, e a gama de emoções no vocabulário psicanalítico era mais primitiva do que a encontrada na experiência comum de um adulto.

Tudo isso mudou na última geração; a idéia aristotélica de que a emoção é um produto conjunto do sentir e do pensar tornou a ganhar destaque, de várias maneiras. Na psicologia do continente europeu, essa visão aparece no trabalho de Jean Piaget; no mundo anglo-saxão, surge nos textos de Jerome Bruner. Na psicanálise, essa visão unificada domina os escritos de Roy Schafer e Charles Rycroft. O interesse filosófico pelo conceito de emoção foi redespertado por um livro de Suzanne K. Langer, *Mind: An Essay on Human Feeling* [*Mente: Ensaio sobre os sentimentos humanos*], e foi explorado de maneira mais disciplinada em muitos dos textos de Jean-Paul Sartre. *Grosso modo*, poderíamos dizer dessa nova visão que ela procura compreender a raiva, a inveja ou o ciúme e a compaixão como interpretações que as pessoas dão aos acontecimentos ou a outras pessoas. Essa idéia é transmitida pela pergunta: "O que você sente a respeito de fulano?" O julgamento e o raciocínio são ingredientes do que nos faz "ter sentimentos" em relação a outra pessoa. Há também uma dimensão moral nessa visão psicológica. Imagens como a paixão cega ou a ambição cega sugerem que a pessoa que as sente é tão dominada pela emoção, que deixa de ser responsável por seus atos. Isso é um engano, diria a nova visão: a emoção é sempre um ato de interpretação plenamente engajado, um ato de dar sentido ao mundo; portanto, somos sempre legal e moralmente responsáveis pelo que sentimos.

Essa visão também é social. Através de suas emoções, as pessoas expressam plena consciência umas das outras. Através das emoções, elas tentam expressar o sentido moral e humano das instituições em que vivem. No entanto, um fato curioso da história intelectual é que, no exato momento em que a psicologia cognitiva e a psicanálise vão-se tornando mais sociais em seus termos, a disciplina da psicologia social não consegue acolhê-las.

AUTORIDADE

Até o século XIX, a "psicologia social" não existia como modo de pensar, nem no mundo acadêmico nem na sociedade em geral. Uma das razões disso é que não se julgava que as circunstâncias sociais alterassem fundamentalmente a natureza das paixões humanas. Um homem podia se sentir zangado, ou uma nação se enraivecia; em ambos os casos, a "raiva" era a mesma. Similarmente, o modo como uma pessoa se portava em Atenas na época de Péricles parecia pertinente à forma de conduta que alguém poderia exibir em Paris durante a Revolução. Se a natureza humana era universal, era também imutável. Assim, Maquiavel pôde chamar a atenção de seu príncipe para toda sorte de sucessos e fracassos dos imperadores romanos, como lições instrutivas para a estadística do Renascimento; Bossuet pôde escrever uma "história universal" da raça humana na qual as motivações dos seres humanos mais primitivos eram idênticas às que ele observava nas pessoas que o cercavam no cotidiano; Montesquieu passou com facilidade da análise da ganância num indivíduo para a expressão da ganância nas monarquias, nas aristocracias e nas democracias. O ser humano era uma criatura situada nas circunstâncias da história, mas não essencialmente um produto dessas circunstâncias.

A revolução histórica que se iniciou com Vico no século XVIII e ganhou plena força no século XIX com os escritos de Darwin e Marx alterou radicalmente essa visão. Considerou-se que as circunstâncias biológicas, econômicas e culturais moldam a própria natureza do ser humano, e essas circunstâncias são cumulativas, de modo que nenhuma pessoa e nenhuma época simplesmente repetem o que aconteceu antes. A unidade da experiência humana no tempo e no espaço foi rompida por essa concepção. Os únicos princípios universais seriam os princípios da mudança: eles são mecanismos evolutivos ou forças econômicas que criam não o equilíbrio, mas a ruptura, o crescimento e a decadência.

A revolução histórica teve seu impacto mais profundo, na psicologia como um todo, nas idéias da consciência. Nos textos de William James e do jovem Henri Bergson, a consciência foi retratada como um fluxo, estando em constante movimento, à semelhança do passar do tempo. Esses autores aplicaram à consciência o célebre dito heraclitiano que afirma que, quando se atravessa um rio em dois momentos diferentes, não se atravessa o mesmo rio, e assim começaram a estudar os processos da memória, do esquecimento e da aprendizagem em termos que hoje chamaríamos de desenvolvimentistas. Os que estavam especificamente interessados na psicologia dos grupos foram afetados de outra maneira por essa historicização da natureza humana.

Para eles, era uma questão de descobrir de que modo, com o desenvolvimento dos grupos, surgem sentimentos que só têm sentido em termos das particularidades históricas do grupo. Eles queriam compreender sentimentos que não podiam ser explicados simplesmente em termos de uma "natureza humana" abstrata. No segundo volume de *Democracia na América*, de Tocqueville, por exemplo, esse autor analisou uma angústia e uma inquietação da América da era jacksoniana que não lhe pareciam ter paralelos no passado e que eram produzidas pelas circunstâncias peculiares da igualdade social e do governo fraco da América. Em *Suicídio*, de Durkheim, o padrão e o índice de suicídios numa sociedade foram explicados por um enfraquecimento dos controles sociais chamado *anomia*; seria impossível, acreditava Durkheim, entender a oscilação dos índices de incidência do suicídio numa sociedade, ao longo do tempo, falando no "desespero" em geral. O onde, o quando e as circunstâncias deveriam explicar por que o desespero era tão diferente na França e na América.

Até o fim do século XIX, essa análise social da emoção não teve nome. Com o aparecimento da *Psicologia das multidões*, de Gustave Le Bon, em 1895, ela foi chamada de "psicologia social" pela primeira vez. O livro de Le Bon levou ao extremo os esforços de Tocqueville, Durkheim e outros. Ele afirmou que as multidões criam tipos de sentimentos furiosos que diferem por completo dos sentimentos furiosos da vida de um indivíduo em família, ou da disciplina da vida militar em tempos de guerra. Eis o seu raciocínio, que se aplica à nova disciplina como um todo:

> A peculiaridade mais notável exibida por uma multidão psicológica é esta: sejam quem forem os indivíduos que a compõem, e por mais parecidos ou diferentes os seus estilos de vida, suas ocupações, seu caráter ou sua inteligência, o fato de eles se haverem transformado numa multidão os torna donos de uma espécie de mente coletiva, que os faz sentir, pensar e agir de maneira muito diferente daquela que cada indivíduo sentiria, pensaria e agiria se estivesse isolado. Existem idéias e sentimentos que só passam a existir, ou só se transformam em atos, quando os indivíduos formam uma multidão. (...)
>
> No conjunto que constitui uma multidão, não há, em absoluto, uma soma ou uma média de seus componentes. O que realmente acontece é uma combinação, seguida pela criação de novas características, do mesmo modo que, na química, alguns elementos, ao serem postos em contato — como as bases e os ácidos, por exemplo —, combinam-se na formação de um novo corpo, dotado de propriedades muito diferentes das dos corpos que serviram para formá-lo.

O uso de imagens da química foi deliberado. Como aconteceu com seu equivalente norte-americano George Herbert

Mead, Le Bon queria compreender como as emoções eram sintetizadas a partir de relações sociais específicas.

Na década de 1920, esse modo de pensar parecia solidamente estabelecido e produziu diversos livros de interesse geral. Sorel havia publicado suas *Reflexões sobre a violência* e eram muitos os seguidores de Durkheim, em especial Maurice Halbwachs, que trabalhavam na França. Na América, Mead e William James exerceram um destacado efeito em John Dewey e sua escola. Na Alemanha, os pensadores que viriam a formar a influente escola de pensamento social conhecida como "Escola de Frankfurt" passaram a se interessar por uma ligação entre o marxismo e a psicanálise. E então, por volta do fim dos anos 20, a disciplina da psicologia social começou a se desintegrar.

No mundo anglo-saxão, o impulso para a particularidade levou a uma paixão pela medição estatística. A importância do que estava sendo medido tornou-se menos interessante do que a tecnologia usada para medi-lo. E, como tantas vezes acontece nas ciências sociais, aquilo que não podia ser quantificado, ou que era complexo demais para quantificar, passou a parecer menos real. É claro que a trivialidade não era uniformemente aceita em nome da certeza quantitativa. Houve avanços importantes e de grande alcance na compreensão da relação entre a língua e a sociedade, por exemplo, mas, nos Estados Unidos e na Grã-Bretanha, nestes últimos cinqüenta anos, a psicologia social passou a ter pouca coisa ponderável a dizer sobre a psicologia do poder, sobre a culpa coletiva ou sobre a organização social do medo.

Esses assuntos mantiveram-se vivíssimos na mente dos autores europeus dessa disciplina. Para tais autores continentais, a dificuldade era quase o oposto diametral da de seus equivalentes anglo-saxões. Os escritos de natureza sociopsicológica passaram a constituir, cada vez mais, um ramo da filosofia. As entrevistas, os relatos de casos clínicos ou outros tipos de investigações históricas raramente apareciam em seus trabalhos. Eles reagiam com desdém aos esforços de quantificação dos anglo-saxões, mas parecem ter dado um passo adiante e evitado aprender dos encontros concretos com outras pessoas. Também nesse caso existem exceções, mas elas não são as vozes dominantes.

Todos esses caminhos levam ao mesmo impasse: não há sentido nos seres humanos como criaturas que tentam compreender sua vida, como animais interpretantes. Na pior das hipóteses, a tradição anglo-saxônica mostrou-se desinteressada do assunto; na pior das hipóteses, a tradição do continente europeu não tem meios de saber. Uma censura comum é que se pode aprender mais sobre a complexidade das motivações e da percepção recíproca em um romance razoavelmente bom do que numa "sólida" pesquisa das ciências sociais; infelizmente, no campo da psicologia social, há uma boa dose de verdade nessa censura.

Assim, num período em que outros ramos da psicologia tentam incluir as questões sociais numa compreensão mais aberta e complexa de como as pessoas dão sentido a suas vidas, eles deparam com idéias e procedimentos, na psicologia social, mais estreitos ou desarraigados do que os seus.

Nos últimos anos, esse impasse começou a ser amplamente reconhecido. Houve várias tentativas de promover uma adequação da disciplina da psicologia social — em termos intelectuais, se não oficiais e acadêmicos — às expectativas dos outros ramos do saber em relação a ela. Na Alemanha, o trabalho de Jürgen Habermas e seus colaboradores sobre os padrões de comunicação já é um começo; algumas autoras sérias do movimento feminista, como Jessica Benjamin, Nancy Chodorow e Juliet Mitchell, ligaram a experiência íntima e a vida social de novas maneiras. Outro modo de abrir essa disciplina é investigar a organização social da própria emoção e indagar como os diferentes tipos de emoção se organizam variadamente na sociedade moderna. É esse o tipo de investigação que busco.

A autoridade, a fraternidade, a solidão e o ritual são quatro emoções claramente sociais. Três delas criam vínculos com outras pessoas, uma não o faz. Como expressões de sentimentos sobre outras pessoas, todas essas emoções exigem um estudo histórico: quem são as pessoas de que estamos falando, quando, e em que circunstâncias? Entretanto, tornou-se um reflexo quase automático da imaginação histórica atual concentrar a atenção nas doenças da sociedade moderna, e não em seus pontos positivos. Parece-me que a experiência dessas quatro emoções é problemática na sociedade contemporânea, e o que pretendo fornecer é um relato dessas dificuldades, mas também estou convencido de que, no modo como esses problemas surgiram, é possível discernir formas de mitigá-los. Em outras palavras, creio ser possível, a partir de uma investigação de como as pessoas de hoje vivenciam a autoridade, a fraternidade, a solidão e o ritual, derivar idéias de natureza mais política e de maior visão; é essa ligação entre a análise sociopsicológica e a visão política que constitui minha meta.

A solidão é uma emoção da ausência; a autoridade é uma ligação entre pessoas desiguais; a fraternidade é um laço estabelecido entre pessoas semelhantes; o ritual é um vínculo entre pessoas que estão unidas, sejam elas iguais ou não. Se cada uma dessas experiências emocionais implica todos os

AUTORIDADE 23

aspectos das faculdades de interpretação — sensação, raciocínio, construção lógica, fantasia —, o axioma enunciado por Le Bon sobre a psicologia social tem que ser reexaminado. Acreditava ele que as pessoas sentiam conforme suas circunstâncias: se estavam numa multidão, sentiam fraternidade como multidão; se eram trabalhadores, sentiam a autoridade em termos proletários. As faculdades interpretativas, nos textos de Le Bon e, posteriormente, em boa parte dos escritos sociopsicológicos, tornaram-se prisioneiras das circunstâncias sociais. Será esse aprisionamento na circunstância, de fato, a maneira como as pessoas dão sentido a sua vida na sociedade? Naturalmente, há um modo simples de responder "não", levando a posição de Le Bon às últimas conseqüências. Nesse extremo, a química do grupo é tão poderosa que as pessoas se tornam autômatos, sendo sua compreensão e expressão determinadas às cegas. Nesse caso, não há interpretação alguma; as pessoas simplesmente encenam um programa. O próprio Le Bon era menos extremado e mais inteligente. Supunha que a química dos grupos era uma força que criava sentimentos purificados das variações individuais, e que, ao ser apanhada na química do grupo, a pessoa perdia a si mesma.

Mas, se imaginarmos a economia e a política da própria sociedade como contraditórias, e não uniformes, como uma casa em que a confusão e a dor são a regra, e não a exceção, essa visão de Le Bon não servirá. Quanto mais engajadas, comprometidas e emocionalmente envolvidas são as pessoas na vida social, maior dissonância sentem, necessariamente. A interpretação do que acontece torna-se uma atividade difícil e exigente. Os vínculos de autoridade ou de fraternidade não são como as esculturas de Brancusi, puros e sólidos, mas ambíguos e constantemente mutáveis, variando de uma pessoa para outra. Que tipo de traços comuns existe nessas situações, quais são as condições da história real? Que espécie de experiência emocional é compartilhada? Encontrar algumas respostas para essas perguntas também é objetivo deste projeto.

Para compreender dessa maneira os vínculos afetivos, escolhi como material para estes ensaios alguns relatos de casos clínicos, quer do meu próprio trabalho, quer publicados por terceiros, e também diários e cartas; procurei fazer com que estes últimos se referissem mais a idéias e teorias gerais sobre a autoridade, a fraternidade, a solidão e o ritual. Ao trabalhar desse modo, meu objetivo é mostrar o processo pelo qual se faz sentir um vínculo com a autoridade e por que existem dissonâncias entre uma pessoa e outra na experiência dele. A limitação desse estilo de trabalho é que ele não nos diz, por exemplo, quantas pessoas temem a autoridade na Inglaterra no momento atual. O que ele pode fazer é esclarecer o que significa, em termos humanos concretos, uma teoria social geral sobre o medo da autoridade, e sugerir novas maneiras de refletir sobre as questões.

I
NEGAÇÃO

1

O medo da autoridade

Agora sem pai, tens que lidar com a lembrança de um pai. Muita vez, essa lembrança é mais poderosa que a presença viva de um pai, é uma voz interna a ordenar e arengar, dizendo sim e não — um código binário, sim não sim não sim não sim não, a reger cada um de teus menores movimentos, mentais ou físicos. Em que momento te transformas em ti mesmo? Nunca por inteiro: és sempre ele, em parte. Essa posição privilegiada em teu ouvido interior é sua última "prerrogativa", e nenhum pai jamais a desprezou.

O pai morto, *Donald Barthelme*

A necessidade de autoridade é fundamental. As crianças precisam de autoridades que as orientem e tranqüilizem. Os adultos realizam uma parcela essencial de si ao serem autoridades: é um modo de expressarem interesse por outrem. Há um medo persistente de sermos privados dessa experiência. A *Odisséia*, o *Rei Lear* e *Buddenbrooks* versam todos sobre o enfraquecimento ou a destruição da autoridade. Hoje em dia, há também um outro medo relacionado à autoridade: o medo de quando ela existe. Passamos a temer a influência da autoridade como uma ameaça a nossa liberdade, na família e na sociedade em geral. A própria precisão da autoridade acentua esse medo moderno: vamos abrir mão de nossa liberdade, e nos tornar abjetamente dependentes, por querermos tanto que alguém cuide de nós?

Há muitos ingredientes nesse medo moderno. Em parte, é um temor das autoridades como sedutores. Em parte, é o medo do ato de sedução, de que a liberdade se renda à segurança. E em parte, um medo dos seduzidos — das massas que poderiam não ter força de vontade. Além disso, a maioria das figuras de autoridade não desperta grande entusiasmo, porque não o merece. A pessoa inteligente mantém-se sadia ao rejeitar as colagens infantis de força e compaixão que as autoridades apresentam como imagens delas mesmas. Contudo, nossa rejeição não está ligada ao fato de termos uma imagem interna melhor da autoridade. E nossa carência de autoridade como tal persiste. Os desejos de orientação, segurança e estabilidade não desaparecem pelo fato de não serem satisfeitos.

Neste livro quero investigar o que é esse medo moderno da autoridade, quem são as autoridades que o inspiram, e que imagens melhores da autoridade deveriam existir em nossa mente.

Que é a Autoridade?

Todos têm uma idéia intuitiva do que é "uma autoridade", por mais difícil que seja definir essa idéia. A imagem de autoridade que mais tenho gravada na memória provém de haver observado o maestro Pierre Monteux ensaiar uma orquestra durante algumas semanas. Monteux, como sabem todos os que o viram apresentar-se, não era um artista carismático. Os movimentos de sua batuta ficavam restritos ao espaço de uma caixa que ele imaginava à sua frente, uma caixa com uns 45 centímetros de largura por 30 de altura. A platéia pouco via o trabalho da batuta dentro dessa caixa, mas a orquestra tinha intensa consciência dele. Um movimento de pouco mais de dois centímetros para cima era o sinal de um crescendo; um movimento de 25 centímetros indicava uma explosão maciça de som. A maioria das deixas (indicações para a entrada dos músicos) era dada pelos olhos de Monteux. As trompas, grupo para o qual é sempre difícil dar a deixa, recebiam sinais pela elevação de uma sobrancelha; quanto às cordas, uma simples olhadela do regente era o bastante.

Monteux tinha um autocontrole completo e sereno, e essa segurança era o esteio de sua autoridade. Não quero dizer que ele fosse dogmático; era freqüente ponderar em silêncio sobre um trecho musical, enquanto a orquestra aguardava, e, às vezes, ele mudava de idéia. Mas sua desenvoltura na posição de controle instigava os outros a considerarem natural submeter-se a ele. Na verdade, essa segurança desenvolta lhe permitia exercer uma disciplina eficaz com os músicos. Em parte, tal disciplina vinha do próprio trabalho da batuta: era preciso estar intensamente concentrado em Monteux para captar os sinais. Lembro-me de um trecho polirrítmico de extraordinária dificuldade na Sagração da primavera, de Stravinsky, no qual o naipe dos violoncelos era guiado pela observação do dedo mínimo de Monteux. Mas era também a presença do maestro que criava essa disciplina.

Alguns regentes, como Toscanini, impõem disciplina mediante a inspiração do terror; ele gritava, batia com os pés e até jogava a batuta nos músicos. Como um homem permanentemente possuidor da Verdade, ele não admitia nenhuma falsidade nos outros. Para evitar sua ira, fazia-se o que ele mandava. Monteux era muito diferente. "Violoncelos, vocês têm certeza de que querem tocar tão alto assim?", ou então, "É um belíssimo trecho, oboés, se executado baixinho." Não havia coerção nem ameaça, mas apenas um homem tentando ajudar os músicos a se saírem melhor. Melhor, bem entendido, tocando como ele queria, pois ele sabia. Tinha a aura de quem havia atingido uma compreensão que lhe possibilitava julgar de maneira extremamente relaxada. E também esse é um ingrediente essencial da autoridade: alguém que tem força e a usa para guiar os outros, disciplinando-os e modificando seu modo de agir, através da referência a um padrão superior.

Sei que, no palco, Monteux tinha um jeito amável e avuncular. Também o tinha com seus músicos, mas havia mais do que isso. Sua autoridade inspirava medo — não do tipo sentido em relação a Toscanini, mas uma espécie diferente de medo. A certa altura, no movimento lento do Segundo Concerto para Piano, de Brahms, o solista dos violoncelos tocou pavorosamente desafinado: Monteux parou a orquestra e olhou para o músico, em completo silêncio. O que tornava terrível uma coisa dessas era saber que ele jamais a faria com o pior violoncelista do naipe: o *músico* é que não havia correspondido ao que deveria ser, e ele exigia uma explicação. E esse era mais um componente do que fazia de Monteux uma autoridade: ele tinha força para não se deixar enganar por ninguém, para rejeitar o que seus pares aceitavam. Isso deixava o sujeito ansioso e o mantinha em estado de alerta.

Segurança, capacidade superior de julgamento, capacidade de impor disciplina, capacidade de inspirar medo: são essas as qualidades de uma autoridade. Em 1484, Caxton as expressou sucintamente na *Cavalaria*, em sua saudação ao rei Ricardo III: "Meu mui temido e imponente senhor e soberano natural, o rei Ricardo." A palavra "imponente" tem um duplo sentido: transmite medo e reverência. A autoridade, no sentido de Caxton, é temível.

A dificuldade de elaborar esse sentido intuitivo da autoridade é a idéia da força em que ele se baseia. Jamais conheci um músico ruim ou incompetente que conseguisse preservar por muito tempo sua autoridade sobre uma orquestra. Existem músicos excelentes, até geniais, que não conseguem traduzir sua força musical em autoridade sobre uma orquestra; Schumann, em seus últimos anos de vida, foi o mais notável exemplo disso. Entretanto, quando nos deslocamos para o terreno da política, do trabalho ou da vida familiar, as definições de força tornam-se muito mais complexas, assim como a relação entre a força e a autoridade.

Tomemos, por exemplo, o sinônimo político de força: poder. Muitas vezes, as palavras "autoridade" e "poder" são usadas como sinônimos. É o que fazemos ao chamar de "autoridades" as pessoas que exercem cargos de governo. Com freqüência, porém, a autoridade e o poder se distinguem, como ao dizermos que um funcionário do governo não tinha autoridade para assumir determinado risco. A raiz de autoridade é "autor"; a conotação é que a autoridade implica algo de produtivo. No entanto, a palavra "autoritário" é usada para descrever uma pessoa ou um sistema repressivos.

Por outro lado, consideremos a idéia de força implicada no medo de que a autoridade seja destruída. Trata-se da força dos valores e crenças de nossa geração; queremos que eles perdurem, mas isso não se dá, porque nosso corpo não perdura. Tanto na sociedade quanto na vida privada, queremos um sentimento de estabilidade e ordem, benefícios que são supostamente trazidos por um regime dotado de autoridade. Esse desejo aparece nos monumentos erguidos à autoridade na vida pública: imensas igrejas, santuários e prédios governamentais, todos eles símbolos de que a ordem do poder dominante durará além da geração que hoje governa e da que hoje obedece. Aliás, um dos sentidos da palavra latina que significa autoridade, *auctor*, é o de que ela pode dar garantias a terceiros sobre o valor duradouro do que faz. Mas o vínculo social é tão intemporal quanto o pessoal. É um liame histórico que não pode deixar de mudar. A força simbolizada nesses monumentos à autoridade é um desafio à história, um desafio ao tempo.

Acima de tudo, a idéia de força é complexa na vida trivial, em decorrência do que poderíamos chamar de seu componente de integridade. Não há dúvida quanto à integridade da qualidade musical de Toscanini, Monteux, ou da maioria dos outros regentes da orquestra que são autoridades viáveis para seus músicos. Mas a integridade do genitor que inspira medo e reverência nos filhos, ou do político que inspira pavor em seus cidadãos, é muito questionável. É que as forças que dão autoridade a essas figuras podem não ser usadas a serviço de um ideal mais elevado ou da proteção às pessoas, mas simplesmente de sua dominação. O medo moderno da autoridade relaciona-se exatamente às figuras que se dispõem a usar seu controle sobre as pessoas para perpetrar os mais destrutivos de todos os atos. Qual é o tipo de força que as pessoas percebem num demagogo ou num genitor destrutivo? Também ela pode fundamentar-se em dar uma impressão de segurança e capacidade superior de julgamento, na capacidade de exercer disciplina e inspirar medo; mas, de que modo essas impressões provêm de uma fonte maléfica?

Pode-se dizer da autoridade, no sentido mais geral, que ela é uma tentativa de interpretar as condições de poder, de dar sentido às condições de controle e influência, definindo uma imagem de força. O que se busca é uma força sólida, garantida e estável. No final de *Em busca do tempo perdido*, essa força imperiosa é finalmente encontrada, quando Proust observa a *Vista de Delft*, de Vermeer. Trata-se de um quadro intemporal e, tal como Monteux trabalhando, não há dúvida quanto a sua integridade. Na vida política e psicológica, a interpretação do poder nunca escapa às devastações do tempo ou à questão da integridade. Na vida cotidiana, a autoridade não é uma coisa. É um processo interpretativo que busca para si mesmo a solidez de uma coisa: a fé, o pecado e o desespero, transformados em igrejas de pedra. Quando falamos em busca da autoridade, a ênfase deve incidir na palavra "busca"; conhecemos perfeitamente o tipo de ilusão em que essa busca pareceu concluir-se — no Reich de mil anos, ou no Valhalla comunista que poria fim à história. Em geral, pode-se dizer que buscamos na autoridade um consolo que o tempo nunca permite de fato. Essa busca é frustrante; torna muito esquivo, muito difícil de definir o próprio tema do que é a autoridade. Mas, enquanto nos frustramos, preservamos nossa liberdade contra os mestres da ilusão, que nos prometem que a história terminou e que a busca pode chegar ao fim.

Falar da autoridade como um processo de interpretação do poder é levantar a questão de quanto do sentimento de autoridade está nos olhos de quem vê. No pensamento social moderno, há duas escolas com visões muito diferentes dessa questão.

Uma delas afirma que as condições do poder são o determinante maior do que o sujeito vê e sente. Seu expoente máximo é o sociólogo Max Weber. Ele não é um simples determinista social. Muitos marxistas do início do século acreditavam que os poderes das classes dominantes traduziam-se automaticamente em imagens de autoridade: imagens de quem era forte, de quem podia julgar os outros, de princípios de disciplina e medo. Esses marxistas, sobretudo Jules Guesde, na França, tomavam como verdade evidente que as idéias da classe dominante eram as idéias que regiam uma época. As pessoas não pensavam no poder: pensavam aquilo que os poderosos lhes inculcavam como crença. Weber e muitos outros de sua geração ficaram insatisfeitos com essa visão. Se ela fosse verdadeira, como se poderia explicar o surgimento da inteligência crítica, ou o fato de que, como prelúdio das revoluções, as classes dominantes freqüentemente perdiam sua autoconfiança? Essa idéia mecanicista, de qualquer modo, era um marxismo de má qualidade, como não tardaria a assinalar o comunista italiano Antonio Gramsci, pois os termos do poder na sociedade capitalista são contraditórios, e são essas contradições, essas dissonâncias, que instigam as pessoas a pensar. Weber acreditava que as pessoas pensam no poder de diversas maneiras, mas que apenas alguns tipos de pensamentos as levam a conceber os poderosos como autoridades, e esses pensamentos seriam determinados pelos tipos de controle exercidos pelos poderosos.

As percepções da autoridade no poder, nos escritos de Weber, enquadram-se em três categorias. A primeira é a autoridade tradicional, baseada "numa crença estabelecida em tradições imemoriais". Trata-se de uma percepção das sociedades de privilégios hereditários, sociedades em que os termos da transmissão da herança foram estabelecidos num

AUTORIDADE

passado tão remoto, que só fazem sentido à guisa de mitos e lendas, e não da vida prática e imediata. Não apenas as aristocracias hereditárias, mas também certas práticas, como as proibições alimentares judaicas e islâmicas, enquadram-se no âmbito da autoridade tradicional. O sentido destas últimas não decorre da poluição efetiva dos porcos ou do álcool, mas do fato de que, em certo momento, muito tempo atrás, as pessoas os rejeitaram. O sentimento de autoridade, de estabilidade, provém da própria extensão temporal da duração dessa lembrança; é a isso que nos referimos ao mencionar costumes consagrados pela tradição. A segunda categoria de autoridade é a legal/racional, que se "baseia na crença na legalidade das normas e no direito de dar ordens que fica reservado aos que ocupam cargos em virtude dessas normas". Aqui, o sentido está no que o líder ou patrão realmente faz; além disso, suas razões podem ser descritas e aplicadas a quem quer que ocupe essas posições de poder. Num esquema tradicional, apenas os filhos de um duque estão aptos a se tornar futuros duques, por mais degenerados ou absurdos que sejam; num sistema legal/racional, qualquer um que seja capaz de cumprir as obrigações de um cargo está apto a ocupá-lo. A última categoria é a autoridade carismática, que se "assenta na devoção incomum e extraordinária de um grupo de seguidores à sacralidade, à força heróica ou à exemplaridade de um indivíduo e da ordem revelada ou criada por ele". O modelo weberiano desse tipo de autoridade é Jesus ou Maomé. Os costumes tradicionais são derrubados por esses profetas, e a lógica da ordem existente é descartada como falsa. Existe a promessa de uma nova Verdade, que é absoluta, inabalável e sólida, embora antes desconhecida. Dentre todas as formas de autoridade, poderíamos dizer, como diz Weber sobre o tipo carismático: "A única coisa que importa é a maneira como o indivíduo é efetivamente visto por seus súditos."

A abordagem weberiana da autoridade é a de um seguidor do filósofo Kant: os seres humanos só podem pensar e sentir com coerência por meio de categorias. Tal abordagem faz sentido em termos da questão da autoridade, pois coerência e ordem são o que as pessoas procuram arrancar de todas as circunstâncias complexas e contraditórias do poder. Mas a abordagem tornou-se alvo de ataques também por outras razões: por que apenas essas três categorias? São elas mutuamente excludentes? Um padre da Igreja Católica é tido como dotado de carisma, no sentido de "dom da Graça", todas as vezes que celebra a missa. O ofício de padre é tradicional, se não hereditário; seu carisma é consagrado por séculos de uso. (Weber chamou essa mistura de "rotinização" do carisma; entretanto, como o carisma do padre é absoluto, todas as vezes que ele celebra a missa, essa não é uma modificação muito satisfatória.)

O mais importante aspecto geral da abordagem de Weber é sua identificação da autoridade com a legitimidade. As pessoas se recusam a obedecer, acredita ele, àqueles que consideram ilegítimos. A conseqüência disso, para Weber, é que sempre podemos saber quando existe o sentimento de autoridade numa sociedade: é quando as pessoas obedecem *voluntariamente* a seus governantes. Se têm que ser coagidas, é porque não consideram legítimos esses governantes. Autoridade como crença na legitimidade, medida pela obediência voluntária: aí está uma abordagem da autoridade que adquiriu imensa influência no pensamento social moderno. Seu porta-voz mais eloqüente talvez seja um aliado improvável — o comunista italiano Gaetano Mosca, que escreveu em 1939, em *A classe governante*:

> [É falso dizer que] as fórmulas políticas são meras charlatanices, habilmente inventadas para induzir as massas à obediência. (...) A verdade é que elas atendem a uma necessidade real da natureza social do homem; e essa necessidade, tão universalmente sentida, de governar e saber que se é governado, não com base na mera força material ou intelectual, mas em princípios morais, tem, sem sombra de dúvida, uma importância prática e real.

Divergem dessa escola os autores que enfatizam o processo pelo qual as pessoas percebem a força nos outros, independentemente do conteúdo do que percebam. Nesse campo, sem dúvida a grande voz é a de Freud, e é uma voz trágica. O quadro que nos é apresentado em seus últimos textos, como *Moisés e o monoteísmo* e *O mal-estar na cultura*, compõe-se de imagens de autoridade formadas na infância e que persistem na vida adulta. Por baixo das lutas do adulto com o poder, o direito e a legitimidade, persistem essas imagens arcaicas do que deveriam ser a força e o poder, de tal sorte que, quando adultos, interpretamos não o que existe, mas, na verdade, o que um dia existiu em nossa vida, como na leitura de um texto oculto de mensagens mais poderosas. O que nos aconteceu na infância, acredita Freud, foi que cada ato de nossos pais contribuiu para nossa imagem de sua força. O bebê não tem padrões de julgamento, não tem como distinguir-se dos pais; tudo o que os pais fazem é poderoso e, em seu universo egocêntrico, a criança não consegue imaginar que os pais façam algo que não surta efeitos sobre ela. Mamãe está deprimida? Deve ser culpa minha. Papai está zangado? Deve ser por alguma coisa que eu fiz. Quando eles me castigam, não compreendo as razões, mas devo ter agido mal. Eles me amam? Então, devem amar-me de modo absoluto.

A história do amadurecimento narrada por Freud é uma história de rebeldia contra esse processo de conversão. Na vida de todas as pessoas, o processo de conversão nunca é apagado pela idade adulta, como se fosse um erro numa gravação. A princípio, a criança simplesmente compete com o genitor do mesmo sexo, achava Freud, numa competição de desfecho necessariamente ambivalente. O menino concebido por Freud quer tomar o lugar do pai, mas não quer perder seu amor. Em etapas posteriores, os adolescentes rebelam-se contra a obediência aos pais, mas, apesar disso, querem que os pais cuidem deles toda vez que se sentem necessitados. O adulto, segundo Freud esperava, viria a admitir tanto a força quanto as limitações dos pais, mas veria a força em seus próprios termos como uma força pertencente a eles e que o teria produzido, mas que agora não era parte de sua própria força.

Freud não acreditava que muitas pessoas chegassem a formular essa interpretação adulta da força ou a senti-la intensamente. As massas, a seu ver, sempre corriam o risco de regredir a fases anteriores, nas quais, ao mesmo tempo, desejavam avidamente a ajuda de alguém mais forte e se enfureciam contra essa mesma força tão desejada. Esse é o componente mais emocional do discurso político de Freud: a paixão de voltar atrás, de se entregar. É disso que as figuras autoritárias tiram proveito, e essa "reinfantilização das massas" foi o que Freud acreditou estar vendo na Europa da década de 1930, quando escreveu seus últimos livros. Sua visão, levada ao extremo, diz que o conteúdo moral dos controles adultos é uma espécie de pretexto ou de arsenal estratégico, no jogo de xadrez psicológico iniciado no momento em que nasce cada ser humano.

Foi o medo freudiano de que as imagens infantis da força rondassem a imaginação popular da autoridade que influenciou os autores da escola de pensamento social conhecida como "Escola de Frankfurt", que tinham uma orientação mais social. Esses autores, a começar por Theodor Adorno e Max Horkheimer e continuando com seus discípulos, como Herbert Marcuse, Erich Fromm, Walter Benjamin e, mais marginalmente, Hannah Arendt, estavam interessados em combinar a psicanálise com uma sofisticada crítica social marxista. A grande obra que publicaram coletivamente sobre a autoridade foi *Authorität und Familie* [*Autoridade e família*], publicada no exílio em Paris, em 1936, e, lamentavelmente, nunca traduzida para a língua inglesa. Os leitores de língua inglesa podem depreender algumas de suas preocupações de um livro derivado, *The Authoritarian Personality* [*A personalidade autoritária*], organizado por Theodor Adorno e publicado na América depois da Segunda Guerra Mundial. Neste, houve uma dupla ênfase. Por um lado, tratou-se de mostrar exatamente os mecanismos psicológicos pelos quais as imagens infantis da força persistem na vida adulta: como funciona a memória, como as imagens infantis de um genitor são projetadas pelos adultos em outros adultos, e assim por diante. A outra ênfase recaiu nas condições sociais que estimulam ou retardam a persistência desses padrões infantis. Tal como o livro original, *A personalidade autoritária* procurou ser muito mais histórico e específico do que Freud quanto às maneiras de a cultura desempenhar seu papel. No livro original, Horkheimer falou, por exemplo, de como, à medida que se desgastaram os controles do *pater familias* burguês no século XIX, passou-se a esperar que o Estado entrasse em cena e funcionasse como um substituto — tema recentemente retomado por Christopher Lasch em seu livro *Haven in a Heartless World* [*Refúgio num mundo desalmado*]. Em *A personalidade autoritária*, Adorno tentou mostrar que as crenças anti-semitas expressam as necessidades de pessoas que, privadas de figuras fortes de autoridade na infância, sentem-se fracas e querem encontrar figuras estranhas a quem culpar. Como conceito, a "personalidade autoritária" refere-se a uma interseção entre dois tipos de forças: as psicológicas, que levam a pessoa a sentir uma necessidade desesperada de força, e as históricas e sociais, que moldam sua maneira de expressar essas necessidades.

Houve tantas críticas justificadas ao livro *A personalidade autoritária* que, muitas vezes, ficou esquecido o seu valor como obra pioneira. Vejamos o tipo de dificuldade com que se depara no livro. Há uma medida das atitudes autoritárias, conhecida como escala F. A medição efetiva das atitudes apresenta-se sob a forma de perguntas como: "Você concorda/discorda de os judeus serem desonestos em matéria de dinheiro?" Os resultados do teste mostraram que as pessoas da classe trabalhadora tinham muito mais atitudes autoritárias na escala F do que as da classe média. Mas a dificuldade dos resultados encontra-se na forma assumida pelas perguntas. A maioria dos proletários, ao deparar com especialistas da classe média, tende a cooperar o máximo possível; eles temem a autoridade dos pesquisadores que aplicam os testes e não querem criar problemas. Assim, predispõem-se a concordar e a assentir quando lhes são formuladas perguntas da maneira ilustrada acima. Quando as perguntas são feitas de forma diferente, como veio a acontecer mais tarde, essas atitudes supostamente autoritárias do proletariado desaparecem.

AUTORIDADE 41

Há muitos problemas de natureza semelhante nessa pesquisa. Entretanto, seu valor reside nas próprias questões que provocou. Ela questionou o pressuposto aceito por Weber e outros. Aquilo em que as pessoas se dispõem a acreditar não é uma simples questão da credibilidade ou legitimidade das idéias, regras e pessoas que lhes são apresentadas. É também uma questão de sua própria carência de crer. O que elas querem de uma autoridade é tão importante quanto o que a autoridade tem a oferecer. E, como aspecto destacadamente frisado na obra de Max Horkheimer, a própria carência da autoridade é moldada pela história e pela cultura, assim como pela predisposição psicológica.

Em ambas essas abordagens modernas da autoridade tende a haver uma dimensão que falta: o toma lá, dá cá efetivo entre fortes e fracos. Essas concepções tendem a enfatizar os ingredientes que compõem uma interpretação. Mostram-nos as motivações pessoais ou as condições sociais implicadas, mas não nos mostram como os ingredientes são usados, como uma interpretação é construída através da troca social. Weber apresenta a imagem de um homem forte que tende a despertar um sentimento de carisma, porém o processo desse despertar não faz parte de seu interesse. A escala F nos mostra o resultado do sentimento de vulnerabilidade e fraqueza e de se ter uma força estranha na sociedade a que atribuir a culpa, mas os passos que conduzem a esse resultado não são explicados pela escala em si.

É mais do que uma curiosidade intelectual o que nos instiga a indagar sobre essa dimensão faltante, sobre essa arquitetura da interpretação. O dilema da autoridade em nossa época, o medo peculiar que ela inspira, está em *nos sentirmos atraídos por figuras fortes que não cremos serem legítimas*. A simples existência dessa atração não é uma peculiaridade do nosso tempo; os círculos intermediários do inferno de Dante estão povoados de pessoas que amavam a Deus mas seguiam Satanás. Entretanto, tratava-se de pecadores que haviam rompido as normas da sociedade quando estavam vivos. O que há de peculiar em nossa época é que os poderes formalmente legítimos das instituições dominantes inspiram um forte sentimento de ilegitimidade entre os que estão submetidos a elas. Todavia, esses poderes também se traduzem em imagens de força humana: de autoridades seguras, julgadas superiores, que exercem a disciplina moral e inspiram medo. Essas autoridades atraem outras pessoas para sua órbita, como mariposas atraídas a contragosto pela chama. Autoridade ilegítima, sociedade unida por suas próprias insatisfações: essa estranha situação é algo a que só podemos dar sentido compreendendo nossa maneira de compreender.

Para Weber, essa situação seria uma contradição em termos: como podemos desejar a aprovação de pessoas que não acreditamos serem legítimas e, portanto, nos submetermos voluntariamente a elas? Para Freud, ela seria compreensível, parecendo-lhe uma experiência perfeitamente adolescente da autoridade. Mas sua definição de "legitimidade" seria estreita demais. Que acontece quando as imagens de força dominantes são realmente ilegítimas? Que acontece quando são maléficas, quando realmente lhes falta integridade? Não é irracional, nessas circunstâncias, a rebeldia contra elas. Tampouco, a meu ver, a atração magnética que elas exercem, apesar disso, deve ser explicada unicamente à base de desejos regressivos infantis de sermos controlados. No próprio modo como essa ilegitimidade é percebida, no processo pelo qual ela se articula, também se encontra a maneira como se estabelece um vínculo com esses dominadores peculiares.

AUTORIDADE   43

Na primeira metade do livro, examinarei esses vínculos da autoridade ilegítima; na segunda, explorarei o modo como poderiam passar a existir vínculos mais legítimos. Iniciarei a primeira parte desta investigação mostrando como o próprio ato de rejeitar a autoridade pode ser construído de tal modo que a pessoa sente-se ligada àquela a quem está rejeitando. O segundo e terceiro capítulos descreverão duas imagens de autoridade rejeitadas dessa maneira: uma que oferece um amor falso e outra que não oferece amor algum, sem interesse pelos semelhantes. Essas duas imagens da autoridade são maléficas, ambas se baseiam em formas ilegítimas de controle social e ambas aprisionam numa armadilha aqueles que as rejeitam.

Na segunda metade do livro, o quarto capítulo examinará os modos como as pessoas modificam, em sua vida íntima, as formas de autoridade maléfica que as fazem sofrer. O quinto examinará as lições que essa experiência íntima traz para a autoridade no terreno público. E o capítulo de encerramento voltará para onde começamos. As igrejas são monumentos de pedra erigidos para uma ordem, uma segurança e uma intemporalidade que jamais existirão, quer na política, quer na vida íntima. Será que é apenas a ilusão que nos obriga a continuar construindo?

Vínculos de Rejeição

A maioria de nós já deve ter observado casais em que um dos cônjuges reclama incessantemente do outro, mas não consegue separar-se. E, muitas vezes, o que ouvimos não é ódio ou repulsa em relação aos quais a pessoa é fraca demais para agir. Ao contrário, existe uma necessidade da outra pessoa que não pode ser admitida em segurança e tem que ser mascarada, tornando-se segura através das declarações de rejeição. A rejeição da outra pessoa e o vínculo com ela são inseparáveis.

Esses laços de rejeição são a maneira de admitirmos a necessidade de autoridades que não nos é seguro aceitar. Mas, ao contrário de um casamento entre dois adultos supostamente iguais, os vínculos de rejeição da autoridade baseiam-se em pessoas de poder desigual. Numa relação de autoridade, o medo relaciona-se ao que o superior seria capaz de fazer com esse poder. Ou, pelo menos, essa parece ser a razão lógica. Mas também é verdade que as pessoas precisam da força de terceiros e, vez por outra, sentem que as figuras reais de autoridade em sua vida não são tão fortes quanto deveriam ser. A linguagem que encontramos na rejeição dessas figuras reais talvez nos ajude a definir as imagens que queremos, como na impressão do positivo a partir de um negativo fotográfico. Mas precisamos do negativo para obter a impressão. Cria-se um vínculo com as pessoas que rejeitamos; elas são o ponto de partida. Conhecendo-as, ficamos sabendo o que queremos.

Na sociedade moderna, tornamo-nos hábeis em construir vínculos de rejeição com as autoridades. Eles nos permitem depender daqueles a quem tememos, ou usar o real para imaginar o ideal. O problema é que esses vínculos também permitem que as autoridades nos usem: elas podem exercer um tipo de controle muito fundamental sobre aqueles que, à primeira vista, parecem rebelar-se.

Eu gostaria de descrever três modos pelos quais se constroem esses laços de rejeição. O primeiro liga-se ao medo da força de uma autoridade; trata-se de um vínculo que chamarei de "dependência desobediente". O segundo é a impressão de uma imagem positiva e ideal da autoridade a partir da imagem negativa existente. O terceiro se estabelece com base numa fantasia a respeito do desaparecimento da autoridade. E eu gostaria de descrever esses vínculos em termos de casos particulares. Há uma dificuldade nisso. Explicar plenamente um caso clínico equivale a particularizar cada vez mais. Minha intenção não é fornecer um relato completo do que move essas pessoas a agirem como agem, mas apresentar de forma concreta a linguagem dos vínculos de rejeição, torná-la audível na vida de pessoas reais. Trata-se de uma linguagem que nos tornamos hábeis em falar na sociedade atual, mas que, muitas vezes, não nos apercebemos estar usando.

Uma pessoa que falava a linguagem da dependência desobediente tinha vinte e cinco anos na ocasião em que a entrevistei. Certa primavera, Helen Bowen* havia procurado uma clínica comunitária de saúde mental em Boston, por sentir-se sob grande tensão e querer uma receita de tranqüilizantes. Indagada sobre ter havido, no passado recente, algum acontecimento que pudesse haver desencadeado a tensão, ela disse haver acabado de romper um namoro. A receita foi fornecida e ela se retirou, mas uma semana depois voltou à clínica, queixando-se de que o medicamento não era suficientemente forte. O médico, ao apurar o uso dos comprimidos, constatou que ela havia tomado apenas alguns, em intervalos irregulares, e lhe sugeriu que entrasse em terapia, o que ela aceitou. Helen, no entanto, pediu um outro terapeuta, por achar que o médico havia acedido depressa demais a seu pedido de tranqüilizantes, convicção compartilhada por outros membros da equipe da clínica, quando ele descreveu o caso.

---

* Este não é seu nome verdadeiro; os detalhes de sua vida também foram alterados.

O namorado de Helen Bowen era negro, o que ela esclareceu ao iniciar a terapia; a moça, por sua vez, vinha de uma família irlandesa. Na tentativa de discernir a relação entre o rompimento e a solicitação do remédio, o terapeuta soube que, na verdade, a separação havia ocorrido três meses atrás; o acontecimento que parecia havê-la feito procurar a clínica fora uma tremenda discussão com os pais sobre seus relacionamentos com os homens e com eles mesmos — uma dentre muitas discussões semelhantes.

O romance tivera início dois anos antes, quando a srta. Bowen tinha vinte e três anos e o rapaz, empregado de um hospital, estava com vinte e seis. Depois de se encontrarem durante três ou quatro meses, os dois tinham resolvido morar juntos. Os preconceitos contra os casais inter-raciais em Boston haviam-lhes tornado impossível encontrar um apartamento que pudessem pagar, disse Helen; só os casais ricos podiam arcar com a moradia em comunidades tolerantes, como Cambridge ou Newton. Assim, ela havia conservado seu apartamento num bairro branco da cidade, enquanto o rapaz alugara um imóvel nas imediações da zona pobre de Roxbury, local suficientemente seguro para ser visitado por uma mulher branca. Helen ia vê-lo duas ou três noites por semana.

As brigas com seus pais sobre esse moço surgiram porque, em termos do intervalo temporal e das providências tomadas, o romance assemelhava-se a um caso que ela tivera com um aluno negro quando estava na segunda série do colegial, aos dezoito anos. Os pais, nas palavras da srta. Bowen, haviam-na censurado por duas coisas. Primeiro e obviamente, por sair com namorados negros; segundo, por "não ser séria", com o que pretendiam dizer que ela não vivia em tempo integral com esses homens, não desejava casar-se com eles ou com qualquer outro e, por isso mesmo, deveria escolher parceiros informais mais adequados.

Indagada sobre se conversava muito sobre raça com esses homens, ela respondeu que não. Não era uma "ativista", disse, e apenas lhe acontecera apaixonar-se por aqueles dois seres humanos em particular. Além disso, afirmou, entre um e outro tivera um romance com um branco sadio e disposto a se casar. Quando lhe perguntaram o que seus pais tinham achado disso, Helen disse que ambos haviam ficado encantados, mas que nem ela nem o rapaz gostavam de passar muito tempo com eles, de modo que seus pais mal o haviam conhecido.

Helen Bowen nascera num bairro de classe média, fora dos guetos irlandeses de Boston. O pai trabalhava para o Estado, como funcionário municipal, e a mãe era professora substituta em escolas locais. Havia algumas crianças negras no bairro, cujos pais estavam no topo da comunidade negra da cidade, por serem burocratas; o próprio pai de Helen fazia parte de um grupo de transporte solidário que incluía no revezamento dos carros um negro também funcionário da prefeitura.

A srta. Bowen saíra-se razoavelmente bem na escola e se especializara em publicidade num curso colegial. Ao conhecer o primeiro negro com quem tivera um romance, encontrara-o indeciso entre ingressar na faculdade de medicina ou também seguir carreira na publicidade. O relacionamento havia durado um ano e, ao final desse período, o rapaz continuava indeciso. Quando lhe perguntaram se ela havia procurado ajudá-lo a tomar uma decisão, Helen disse que tivera medo de se envolver no problema, pois seria uma "responsabilidade" grande demais. Na verdade, tinha terminado o romance por achar que o rapaz estava ficando "muito dependente" dela.

O segundo romance com um negro tivera alguns paralelos com o primeiro. Funcionário hospitalar, o rapaz de vinte e seis anos estava buscando um modo de se tornar paramédico (uma pessoa que executa certos procedimentos médicos mas não é diplomada em medicina). Também ele, na opinião de Helen, tinha um caráter dependente, por isso ela não ficara insatisfeita com o fato de os dois morarem em casas separadas. Aliás, quando lhe indagaram se ela moraria no apartamento do rapaz, sua resposta foi que talvez fosse possível, mas na verdade não queria passar o tempo todo com uma pessoa só.

Em comparação com outras pessoas a quem conhecia, no entanto, parecia-lhe que passava um bocado de tempo com os pais, freqüentemente ficando na casa deles nos fins de semana, "porque é relaxante e não tenho que fazer nada". Sendo assim, o terapeuta indagou o que havia acontecido durante seu romance com o rapaz branco, período em que ela não quisera passar muito tempo em casa. "Ah, eles acharam ótimo, porque isso talvez significasse que eu estava levando a coisa a sério e ia me casar." Repetiu-se a pergunta sobre *ela* não querer passar muito tempo em casa nessa época; nenhuma resposta.

Outro dado acerca dos fins de semana em família não tardou a emergir. Embora descrevesse essas ocasiões como tranqüilas, o tema dos namorados era constantemente discutido com seus pais. Na verdade, a srta. Bowen parecia levantar o assunto, caso os pais não o fizessem. Nessa questão, os pais estavam unidos: algumas coisas eram socialmente inaceitáveis e causavam muito sofrimento pessoal, especialmente porque a moça não queria se casar. Fora desse tema, os pais tomavam rumos separados. Helen comentou que a mãe tinha idéias muito diferentes das do pai e não hesitava em expressá-las.

AUTORIDADE

As relações entre Helen Bowen e o irmão eram íntimas e equilibradas desde a infância; havia dois anos de diferença entre ambos. Eles tinham compartilhado os mesmos amigos até Helen chegar aos quatorze ou quinze anos, quando ela havia começado a sair com rapazes mais velhos e a se dar com moças mais velhas. Numa sessão, ela pareceu não se importar com as possíveis atitudes do irmão ante os seus namorados negros; em sessões posteriores, comentou que o irmão queria fazer amizade com esses rapazes e empenhava toda sorte de esforços nesse sentido; e, numa sessão ainda mais tarde, Helen revelou que, na verdade, o irmão tomara o partido de seu último namorado quando da separação do casal e que os dois rapazes continuavam a se relacionar.

Havia algo de evasivo no caráter de Helen Bowen. Era uma pessoa agradável, mas muito arredia. No trabalho, os colegas pareciam respeitar suas qualificações — ela redigia textos publicitários para uma agência de médio porte —, mas era difícil dizer se teria feito algum amigo íntimo por lá. Ela parecia animar-se ao falar de suas reações à dependência que percebia nas outras pessoas; nessas ocasiões, gesticulava muito, por exemplo, o que normalmente não fazia.

O que provocara a grande briga com os pais, que a tinha mandado para a clínica, fora haverem sugerido, num fim de semana, que, agora que estava livre do namoro, talvez ela devesse mudar-se para outra cidade. Segundo Helen, os pais haviam afirmado que a sugestão era inteiramente "inocente": uma nova experiência, novos amigos, um novo cenário. A srta. Bowen ficara furiosa com a sugestão, mas permanecera em silêncio, até o pai dizer que uma moça devia conhecer um pouco do mundo antes de se casar, e que ela só conhecia Boston. A filha havia explodido, acusando-os de quererem livrar-se dela, de só a amarem quando ela era um "problema". Pela primeira vez, ao que Helen se lembrava, o pai, por seu turno, ficara tão furioso que havia saído com o carro, só retornando horas depois. A mãe trancou-se no quarto. A srta. Bowen saíra logo depois da chegada do pai, voltara para seu apartamento e então começara a sofrer a primeira da série de dores de cabeça por estresse em função das quais havia acabado procurando ajuda.

A interpretação corriqueira das experiências raciais de Helen Bowen seria, suponho eu, que ela estava usando esses rapazes negros como uma arma em sua rebeldia contra os pais; seria fácil dizer que, no sentido mais lato, ela se estava rebelando contra a autoridade. Por trás dessa interpretação banal existe um pressuposto sociológico: o de que a autoridade pode ser medida pela obediência. Nos textos de Max Weber, por exemplo, a autoridade é tida como produzindo a obediência voluntária. A simples obediência não nos diz nada, acreditava Weber, sobre a autoridade. Se os pais da srta. Bowen pudessem obrigá-la, legalmente ou através do controle de sua mesada, a desistir daqueles rapazes negros, saberíamos apenas que eles detinham o poder de fazê-la obedecer. Mas, no instante em que uma pessoa obedece por vontade própria, essa pessoa está pensando no poder como "dotado" de autoridade.

A experiência real da srta. Bowen questiona a equação da presença da autoridade com a obediência voluntária. Helen Bowen era dominada pelos pais; as decisões que tomava sobre sua vida amorosa dependiam, antes e acima de tudo, de seu conhecimento de quem os pais aprovariam ou reprova-

AUTORIDADE 51

riam. O que pudesse agradá-los era rejeitado por ela; Helen havia escolhido dois homens a quem sabia que eles desaprovariam. No entanto, o que era do agrado deles constituía o fator controlador. Helen estava mais firmemente ligada aos pais do que qualquer jovem capaz de tomar decisões amorosas sem se preocupar compulsivamente com o que os pais vão dizer. O próprio ato de desobedecer, com todos os seus confrontos, angústias e conflitos, une as pessoas. No caso da srta. Bowen, ele promovera essa união tanto em termos físicos quanto emocionais. Exatamente durante os períodos em que namorava rapazes negros ela quisera passar os fins de semana em casa, ao passo que, ao namorar o rapaz branco aprovado pelos pais, não sentira desejo de fazê-lo. Fora nos períodos de desobediência que a moça havia deixado os pais cuidarem dela nos fins de semana: o desafio erguia uma barreira que a fazia sentir-se suficientemente segura para usufruir dos prazeres da dependência. Dizer que ela se havia rebelado *contra* a autoridade seria um erro; ela se rebelara "dentro" da autoridade, guiada por uma suposição muito acentuada de que os desejos e a vontade dos pais eram de importância suprema na condução de sua vida. Helen desobedecia, mas eram eles que ditavam os termos.

Assim é a dependência desobediente. Ela se baseia numa concentração compulsiva da atenção: o que querem eles? Uma vez conhecida a vontade do outro, a pessoa pode agir — contra ele. Mas o personagem central é o outro; a desobediência compulsiva tem pouquíssimo a ver com uma independência ou autonomia autênticas. O sentido do termo "dependência", nessa forma de autoridade, também envolve uma definição peculiar da intimidade com outra pessoa. A história da srta. Bowen fornece alguns indícios específicos do que significam os termos "dependência" e "intimidade" quando uma pessoa rejeita a vontade de outra. São eles:

1. Helen escolhia rapazes negros que eram ambivalentes quanto ao que fazer na vida.
2. Quando os rapazes lhe pediam para ajudá-los a escolher, ela fugia.
3. Ela exibia uma animação física inusitada, no uso das mãos, por exemplo, ao falar de como os homens dependentes a faziam sentir-se e ao falar de seu medo generalizado de ser oprimida ou invadida por terceiros.

Essas pistas sugerem que, para se sentir segura na intimidade com outra pessoa, a srta. Bowen precisava erguer uma barreira insuperável entre ela e essa pessoa. No caso dos pais, os rapazes negros lhe permitiam voltar a ser a filhinha querida, ficando na casa deles e relaxando em sua companhia nos fins de semana; o tema tenso e angustiante dos rapazes negros, no entanto, era sua maneira de manter os pais a uma distância segura. Essa relação com os pais era compensada por seu relacionamento com os próprios obstáculos humanos: *estes* nunca deveriam tornar-se dependentes dela. Se seus pais houvessem aprendido a tolerar os negros, disse Helen certa vez ao terapeuta, "provavelmente eu teria encontrado outra coisa".

No medo da srta. Bowen de ser francamente dependente vemos um uso particular da raça: ela era um símbolo da transgressão. A transgressão talvez seja o elemento mais eficaz na prática da dependência desobediente. Ela envolve mais do que dizer não. Implica propor uma alternativa inaceitável para o outro. A criança que simplesmente diz "eu me recuso" acha-se numa posição muito mais fraca do que a criança que diz "quero outra coisa"; o subalterno tem uma lógica para essa barreira.

Nas lutas da dependência desobediente, entretanto, o mundo em que a pessoa entra através do desejo de transgredir raramente é um mundo real, uma alternativa verdadeira que apague o passado. Na vida da srta. Bowen, os homens negros não eram substitutos paternos; serviam-lhe de instrumento contra o pai, o que talvez fosse a razão de seu segundo namorado negro ter-lhe dito, certa vez: "Você é a pessoa mais racista que eu conheço." Esse ato de negar a autoridade implica que a sede da força encontra-se na pessoa de quem o sujeito tem que se defender, e não num aliado que ele possa encontrar ao transpor uma barreira moral. Mas essa força real fica abaixo da superfície, como uma presença invisível.

Os contatos da srta. Bowen com a clínica de saúde mental dão alguns indícios de como seria essa verdadeira força, se pudesse ser vista. Eis os dados pertinentes:

1. A srta. Bowen pediu e recebeu um medicamento.
2. Queixou-se de que o remédio não era suficientemente forte, mas não o havia usado da maneira prescrita.
3. Ela pediu outro médico ao retornar à clínica, reclamando que o primeiro acedera depressa demais a suas solicitações.

Ao agir dessa maneira, a srta. Bowen estava fazendo uma pergunta: Quem é suficientemente forte para cuidar de mim? Também estava estabelecendo as condições de uma resposta satisfatória: Tem que ser alguém forte o bastante para me contrariar. Um detalhe do decorrer da terapia exemplifica a pergunta e as condições que Helen havia estabelecido para a resposta. Lembremos o momento em que o terapeuta lhe perguntou por que evitara visitar os pais com seu namorado branco. Quando ela se esquivou da resposta, o terapeuta repetiu a pergunta, e Helen continuou em silêncio. Depois de algum tempo, o terapeuta lhe perguntou em que estava pensando, e ela respondeu estar se sentindo "apanhada", "vencida", "presa numa armadilha". Depois dessa sessão começou a se abrir muito mais com o terapeuta. Este se opusera a ela ao repetir a pergunta, ao recusar sua evasão.

Similarmente, a convicção surgida na cabeça da srta. Bowen era que, se seu pai a questionava a respeito dos negros, ele devia ser realmente forte — mas forte de um modo que ela não conseguia entender. E essas reservas de força que Helen imaginava no pai levavam-na a concentrar muito mais a atenção nele do que na mãe, que não a questionava tanto. Assim, quando o pai finalmente se recusou a continuar a participar do jogo da oposição, ela não se sentiu aliviada, mas, ao contrário, achou que sua vida havia desmoronado. E foi nesse ponto que procurou a terapia. Seu pai tinha rompido o vínculo.

O que falta explicar na linguagem de dependência desobediente da srta. Bowen são os elementos que ela temia na vida dos pais. O exame dessa questão nos levaria a penetrar mais fundo nos detalhes da personalidade de seu pai, sua mãe e dos pais deles. O que há de socialmente significativo nessa relação é o vínculo social que se havia criado com base nesses temores: um pacto em que a dependência e a transgressão eram inseparáveis.

A rejeição pode organizar-se de maneira um pouco diferente, sendo a figura de autoridade rechaçada diretamente, e não por intermédio do uso de um terceiro simbólico, como os negros da srta. Bowen. Essa rejeição mais direta aparece na linguagem da substituição idealizada. E também essa linguagem estreita os laços entre as figuras reais de autoridade e seus infelizes subalternos. O exemplo que citarei vem de um período de quatro meses em que observei contadores de uma grande empresa industrial. Havia no departamento dezesseis contadores e uma chefe de seção auxiliada por três assistentes. O escritório não era opressivo; os contadores não tinham que ser instados pela chefe da seção nem por suas auxiliares. O trabalho era muito volumoso e por isso amiúde ficavam até depois da hora para terminá-lo. Ao mesmo tempo, porém, as relações entre superiores e subordinados eram tensas e problemáticas.

Embora os contadores confiassem no valor do trabalho que faziam, sentiam desprezo pela chefe da seção e por duas de suas três assistentes. "Ela passa o tempo todo em politicagem e fofocas internas", disse um contador. "Perguntei-lhe como fazer certo registro contábil e ela me disse: 'Use o seu discernimento', o que significa que não se incomodava ou não tinha uma resposta." Outro contador comentou: "Fizemos uma reunião com as assistentes, para tentar encontrar um método melhor de fazer os registros diários de um cliente, e as moças só conseguiam ficar falando no que ela [a chefe] iria achar." Uma das auxiliares era estimada e granjeara o respeito dos contadores "porque sabe dividir o trabalho e parece preocupar-se com sua própria qualidade", mas também era criticada por "não ser uma verdadeira líder". Quando indagados sobre o que significava a expressão "verdadeiro líder", os contadores deram as seguintes respostas: "É alguém que realmente faz pressão e tira mais de nós do que imaginamos ter para dar"; "É alguém que se dispõe a ser uma megera para fazer um trabalho de primeira"; "É alguém que diz: escutem aqui, 'caras', se eu posso me esfalfar, vocês tratem de se esfalfar também para fazer o trabalho." Em outras palavras, o verdadeiro líder conseguiria respeito sendo esforçado e punitivo — o que não é, na verdade, o que Weber tinha em mente.

Seria possível dizer, é claro, que havia nesse escritório uma cisão entre a autoridade funcional e a autoridade pessoal; os contadores dispunham-se a fazer o trabalho, mas não por verem seus superiores como figuras exemplares. O problema é que o processo de trabalho era influenciado pela maneira como os chefes eram atendidos. Quando a chefe da seção pedia que alguém fizesse uma tarefa perto da hora do almoço, por exemplo, era comum, nesse dia, o subalterno se demorar demais no almoço: era justamente o dia em que precisava fazer uma compra qualquer. O trabalho recomeçava tarde e freqüentemente terminava depois do horário, quando os superiores já não estavam presentes. Houve uma festa de Natal desastrosa, na qual um contador, depois de tomar demasiadas taças de ponche de rum e vodca, aproximou-se de uma das assistentes da chefe de seção e começou a acusá-la de um longo rosário de defeitos pessoais, antes de ser retirado da sala por outros contadores. Como o absenteísmo era comum no escritório, a produtividade geral era baixa, a despeito de, quando estavam efetivamente em ação, os contadores trabalharem com afinco. Inconstantes, tensos e desdenhosos das superiores, eles se orgulhavam de fazer um trabalho bem-feito, mas pouco se interessavam pelo índice de produtividade. "Isso é problema da chefia", diziam — mas a chefe era considerada ilegítima, por passar tempo demais em brigas burocráticas internas para defender sua posição.

Certa manhã, entrevistei a chefe da seção, logo depois de ela haver tomado a decisão de transferir um empregado que não tinha as qualificações necessárias para continuar em seu departamento. Como costuma acontecer nas grandes empresas, essas decisões sobre o pessoal eram formalmente tomadas por uma comissão. "Isso me protege de dar aos empregados a impressão de que se trata de uma decisão pessoal e arbitrária de minha parte", explicou ela. Não poderia estar mais enganada. "Essa mulher tem medo de enfrentar as coisas e dizer o que pensa", afirmou-me um contador, quando a notícia da decisão se espalhou. "Está sempre se escondendo atrás da comissão de pessoal."

De certa maneira, esses empregados lidavam com a chefe do modo como a srta. Bowen lidava com o pai. Erguiam uma barreira através de sua freqüência inconstante ao trabalho, o que constituía um desafio para a chefe. Mas suas atitudes em relação a ela eram bem mais explícitas do que as da srta. Bowen com respeito ao pai. Eles usavam a chefe como um modelo negativo; o que quer que ela fosse e fizesse, eles achavam o contrário. Esse é o processo da substituição idealizada: uma autoridade real e digna de crédito é o inverso de tudo o que a gente é.

Desse modo, as pessoas passam a depender de quem está no comando. Essa pessoa serve de ponto de referência. Por exemplo, quase metade dos contadores chegara a essa seção vindo de uma outra em que achavam o trabalho rígido demais. Quando fiz perguntas a esse respeito aos que se haviam transferido, eles se puseram na defensiva. Por que não haveriam de trabalhar numa seção mais conveniente? — perguntaram muitos. E, quando lhes foi lembrado que estavam reclamando de uma chefe que não os controlava com rigor, e dessa maneira facilitava seu trabalho, eles responderam que "isso é uma outra história", ou então, "certo, mas ela é um horror". Ao serem indagados se algum deles consideraria uma nova transferência, todos responderam que não. Uma assistente da chefe de seção tinha uma idéia bem clara do que estava acontecendo: "Eles precisam dela", disse; "não gostam dela e não são preguiçosos, mas precisam dela para seu trabalho."

O medo que atua na substituição idealizada é o medo de ficar solto, de não ter amarras, não ter um ponto de referência para dizer por que se está trabalhando, servindo ou sendo dependente. Quando aquele que manda é ruim ou frágil, surge uma imagem do que é bom. Para imprimir esse ponto positivo, muitas vezes é preciso exagerar os defeitos do superior, dar-lhe uma espécie de "potência negativa". É a essa inflação que os que estão no controle se apegam. No escritório de contabilidade, a chefe se ressentia dos subalternos por serem muito "desrespeitosos". Ao mesmo tempo, entretanto, por achar que eles eram "propensos ao exagero", ou não realmente "responsáveis", sentia-se superior a eles. Os empregados a achavam servil e fraca, ela os via como infantis e pouco realistas, e esses defeitos os prendiam na vida uns aos outros. Seria ela uma figura de autoridade para esses funcionários? Depende do que signifique esse termo. Não era um modelo de figura social para eles, mas, sem sua presença, eles não conseguiriam imaginar um modelo. E a maneira de a entenderem levava a definir como, na cabeça da própria chefe, os subalternos eram fracos.

Uma terceira forma de o vínculo entre patrões e empregados se estabelecer sob a superfície das rejeições é pela fantasia do desaparecimento. Tudo ficaria ótimo se a pessoa encarregada desaparecesse. Eis um exemplo primitivo dessa fantasia, num discurso feito há alguns anos num comício dos Jovens contra a Guerra e o Fascismo, um grupo radical de Nova York:

> Sabem o que é o capitalismo? O capitalismo é um câncer. Sabem o que a gente faz com o câncer? Extirpa. Não se brinca com ele, não se cuida bem do câncer, na esperança de que ele vá melhorar. A gente o extirpa. O capitalismo torna as pessoas infelizes. É só o que vocês precisam saber. Extirpem-no, sejam felizes, o que é que vocês estão esperando? (...)

O raciocínio é tão idiota que não chega a merecer atenção — exceto pela última frase. "Extirpem-no, sejam felizes, o que é que vocês estão esperando?" Qualquer um que levasse a sério esse discurso se disporia a esperar para sempre. Tudo o que existe hoje depende dessa força maléfica; se ela desaparecesse, o que restaria, de fato?

Um quadro mais complicado das fantasias de desaparecimento e de suas conseqüências imobilizadoras é apresentado em *Society Without the Father* [*Sociedade sem pai*], de Alexander Mitscherlich, como no resumo do seguinte relato de caso:

> (...) Um estudante de trinta e cinco anos fora reprovado duas vezes em seus exames. Tinha uma grave inibição e era incapaz de se concentrar no trabalho, ou em qualquer outro objetivo na vida. Seu pai era um funcionário que sofrera a vida inteira por não ter prestado exames para uma universidade; passara toda a vida profissional entre colegas e superiores que tinham essa distinção. Apesar do mau aproveitamento escolar, o paciente e seu irmão foram obrigados pelo pai a prestar o exame para a faculdade. O horizonte da mãe era estreitado por uma neurose obsessiva e ela se tornara vítima de depressão sob a tirania do marido, que era carregada de ressentimento. Quando o homem chegava em casa

à noite, ela lhe enchia os ouvidos com histórias dos malfeitos dos filhos durante o dia, e o resultado era uma expedição punitiva paterna ao quarto deles. E assim o tempo ia passando. Os filhos viviam num terror perpétuo das denúncias da mãe e da severidade do pai. (...) Quanto mais forte era a pressão paterna, mais insuperável era a inibição na aprendizagem. (...) Apesar de sua capacidade natural, [o paciente] ergueu uma resistência absoluta, baseada em suas introjeções inconscientes e na defesa contra elas, contra todo e qualquer saber sistemático e dotado de coerência lógica. Sua incapacidade de trabalhar era seu único modo de, simultaneamente, vingar-se do pai e se castigar por isso. (...)

Um objetivo estratégico dessas resistências, como Freud foi o primeiro a assinalar, é a crença do sujeito em que, se o fracasso for suficientemente obstinado, a pressão exercida sobre ele acabará desaparecendo. O problema é que, quando a pressão realmente desaparece, o sujeito sente-se completamente espoliado: não é sequer bom o bastante para que alguém se importe com ele. Há uma necessidade de fantasiar que tudo se arranjaria se a figura de autoridade não fizesse sentir sua presença, e um medo de que, sem essa presença, não houvesse nada. A figura de autoridade é temida, mas o sujeito teme ainda mais que ela desapareça. O resultado desse processo é o discurso da contingência, em que tudo o que há de errado deve-se à presença de uma autoridade, mas é desesperadamente importante que essa autoridade esteja presente.

A relevância social desses vínculos de rejeição está na facilidade com que os construímos; está em como hoje nos parece natural falar a linguagem da dependência desobediente, da substituição idealizada ou do desaparecimento imaginado. As razões por que esse discurso da autoridade é tão fácil de pro-

AUTORIDADE 61

ferir têm raízes profundas no passado. Comumente, as pessoas que fazem pesquisas de comportamento — e constatam como é impressionante o teor de desapreço e rejeição relacionados à autoridade entre os indivíduos pesquisados — explicam os resultados em termos de causas recentes: o caso Watergate na América, o fim do milagre do pós-guerra na Europa Ocidental, o advento da riqueza e das novas "classes mimadas" na Rússia e em partes do Leste Europeu. É claro que esses fatores recentes contribuem para o que vemos imediatamente. Mas a linguagem da rejeição da autoridade remonta a um objetivo nobre do fim do século XVIII: instilar o desejo de liberdade entre as massas populares. E os vínculos de rejeição criados paradoxalmente por isso foram originalmente instituídos quando a linguagem se estendeu da política, no século XVIII, para a situação econômica, no século XIX.

A Confiança do Espírito Negativo

Uma das marcas mais profundas deixadas pela Revolução Francesa no pensamento moderno foi convencer-nos de que devemos destruir a legitimidade dos governantes para alterar seu poder. Destruindo a confiança neles, podemos destruir seus regimes. E, se houve um acontecimento isolado que atestou essa crença, foi a execução de Luís XVI em 1793. Ele não foi morto por ser, como pessoa, uma ameaça para o despontar da nova ordem: governante passivo e ineficiente, deixou em seu cunhado José II, da Áustria, a impressão de ser estúpido, fraco e sem nenhuma arrogância que o redimisse. Mas a majestade de seu cargo era uma ameaça; a aura de autoridade do rei, enquanto houvesse um rei, inibia os revolucionários na mudança das estruturas fundamentais da sociedade. As massas urbanas sentiam-se inibidas e, o que é mais interessante, seus líderes sentiam-se inibidos. E assim, aquela ficção pessoal que era o rei foi decapitada. Refletindo sobre esse episódio, o inglês Edmund Burke teceu uma comparação interessante com a decapitação de Carlos I pelos puritanos, 144 anos antes. Em ambos os casos, o rei foi formalmente executado em nome de um princípio superior: o Deus dos puritanos, o Povo da Revolução. Mas os pesos na balança foram muito diferentes. Na Revolução Francesa, foi o simples ato de matar o rei que teve uma importância suprema; esse ato de destruir sua aura de legitimidade é que libertaria o povo.

Ao negar a legitimidade do governante, começamos a nos libertar: essa convicção é o legado da Revolução. Os primeiros herdeiros o receberam em sua forma mais pura. Vejamos, por exemplo, um trecho pomposo de um tratado sobre a Revolução Francesa publicado em 1793 pelo jovem filósofo alemão Fichte:

> Desde o momento em que nascemos, a razão nos pediu que travássemos um longo e terrível duelo entre a liberdade e a escravidão. Se fores mais forte, dizia-nos a razão, serei tua escrava. Serei para ti uma serva muito útil, mas sempre uma serva agitada, e assim que meu jugo afrouxar um pouco, derrotarei meu amo e vencedor. E quando eu te houver derrubado, hei de insultar-te, desonrar-te, pisotear-te. Como não poderás ter nenhuma serventia para mim, aproveitarei meu direito de vencedora para buscar tua completa destruição.

Nos últimos anos do século XVIII, essa confiança já não estava diretamente ligada à crença na Revolução. As pessoas se haviam

AUTORIDADE   63

consumido durante o período do Terror e destruído suas
chances de liberdade, ao instaurar uma nova autoridade — elas
mesmas, incorporadas na abstração chamada O Povo — no lugar da antiga. Em 1797, o jovem Hegel escreveu:

> (...) a distinção não deve ser feita entre [quem é livre e quem é
> escravo]. Na verdade, o primeiro é dominado de fora, enquanto
> o outro, tendo seu senhor dentro de si, por isso mesmo é seu
> próprio escravo.

A dominação, em outras palavras, está em toda parte. Os que
lideram as revoluções são tão senhores quanto os que defendem a Igreja e o rei. A liberdade provém de se expulsar o "senhor que há dentro de si", sejam quais forem suas exigências.
Ao descrer de sua legitimidade, o indivíduo o expulsa e enfim sua mente fica livre. E o que Hegel formulou em termos
filosóficos foi expresso em formas mais populares por toda a
Alemanha, Áustria e Itália, com o advento de Napoleão. Não
confiem nele e em "seu destino", diziam os jornais da Europa
Central, exortando seus leitores. No momento em que acreditarem em seu destino carismático, vocês perderão a vontade de lutar; se se recusarem firmemente a lhe dar crédito, ainda
que ele conquiste nossos territórios, não nos terá derrotado.
Napoleão compreendia essas exortações. Por isso é que as
idéias subversivas sobre "a legitimidade do imperador" eram
tidas como atos de alta traição.

Foi no fim do Antigo Regime, portanto, que as pessoas
começaram a acreditar que, quando se destrói a legitimidade,
destrói-se a força da autoridade. O pensamento de Max Weber
derivou dessa herança. Mas a herança tem um alcance mais
amplo do que o que ele lhe deu. A liberdade é parte essencial

dela, e a liberdade é um tema que raramente aparece nos escritos weberianos. Descrer é ser livre — livre no espírito, se não na prática.

No decorrer do século XIX, esse espírito de negação ampliou seu campo da política para a economia. Tornou-se uma arma pela qual as pessoas procuravam defender-se das forças do mercado e do crescimento industrial, que estavam transformando a sociedade européia e norte-americana. Esses capitães das finanças e da indústria faziam exigências que pareciam perniciosas, tanto aos olhos dos tóris quanto dos socialistas. As doze horas diárias de trabalho de uma criança nas minas eram explicadas como um benefício para a sociedade e, em última análise, para a própria criança (presumindo-se que ela sobrevivesse); o mercado estava distribuindo a todos os recursos do mercado de trabalho. A destruição da economia agrícola era um benefício semelhante para a sociedade: os agricultores desapropriados haviam ficado "livres" para vender seu trabalho pelo melhor preço, no mercado aberto. Não menos do que a Marx, pareceu a Disraeli um perigo terrível que as pessoas que sofriam com a nova ordem industrial viessem a acreditar nessas coisas; nesse caso, tanto a mente quanto o corpo seriam escravizados.

Nunca poderemos entender a força moral dessa nova ordem industrial, ou da maneira como os vínculos de autoridade separaram-se gradativamente do sentido da autoridade legítima, se pensarmos na ideologia de mercado como o único princípio através do qual os novos governantes se justificavam. A idéia do mercado, como anunciou orgulhosamente Adam Smith, bania a autoridade das pessoas: tratava-se de um sistema de troca que só era legítimo como sistema. Quanto mais perto se chegava de uma imagem de controle, garantia

AUTORIDADE 65

ou orientação, mais era a "mão invisível" que assegurava a justiça. Mas a mão invisível também era uma abstração; não estava ligada ao corpo de nenhum ser humano.

O que a ideologia de mercado e o funcionamento do mercado fizeram foi instaurar uma imensa cisão na sociedade. O mercado tanto perturbou o desejo de comunhão quanto o desejo de liberdade individual. O desejo de comunhão expressou-se da maneira mais óbvia nos movimentos nacionalistas que ganharam força no século XIX. As nações queriam controlar seu destino, tanto econômico quanto político. Mas a economia de mercado era um sistema internacional; os preços subiam e desciam, e havia surtos de crescimento e depressões que ultrapassavam o poder de controle de qualquer nação desse sistema. Na Inglaterra e na América, além disso, o controle político das empresas, que existira no século XVIII, fora destruído em nome das operações do mercado livre. A ideologia de mercado prometia a realização da liberdade individual de ação. Na prática, porém, o mercado era antiindividualista. Desalojava massas de camponeses de suas terras, a despeito do seu desejo de lá permanecerem. Nas ocasiões em que a oferta de mão-de-obra nas cidades ultrapassava a demanda, a rigor não havia mercado de trabalho algum. Se um empregado não estivesse satisfeito com o salário que o patrão lhe pagava, estaria livre para morrer de fome; havia muitos outros para tomar seu lugar. Em muitos aspectos o conflito entre a comunhão e o indivíduo antecedeu a era do alto capitalismo: no campo dos direitos jurídicos dos prisioneiros, por exemplo, ele remonta à obra de Cesare Beccaria, em meados do século XVIII; no dos direitos de consciência na religião, remonta às lutas da Reforma. O que fez o sistema de mercado do século XIX foi, antes, tornar ambivalentes os conceitos de comunidade e indivíduo, e ambivalentes de um modo peculiar. Nenhum ser humano específico, nenhum agente humano, podia ser responsabilizado pelas perturbações desses campos.

A tentativa de encontrar um responsável, de criar imagens mais concretas de força e controle humanos do que a "mão invisível", foi obra da autoridade no século XIX. No próprio campo econômico, houve tentativas de criar um sentimento de comunhão, mediante a colocação do patrão *in loco parentis* para seus trabalhadores, sobretudo nas cidades fabris, bem como servindo de *patrono* em cidades industriais mais diversificadas, como Lyon, Pittsburgh ou Sheffield. Essa autoridade era uma figura paternalista. Houve ainda tentativas de cultuar o próprio individualismo, de tal sorte que o especialista — o engenheiro, o médico ou o cientista com qualificações tecnológicas modernas —, trabalhando sozinho segundo os ditames de sua especialidade, mas controlando outras pessoas, tornou-se uma figura de autoridade. Tocqueville chamou "os independentes" de as únicas pessoas de sua época que estavam seguramente aptas a exigir respeito das outras e a atemorizá-las. Essas duas figuras de autoridade, que serão o tema dos próximos dois capítulos, não foram extensões da ideologia de mercado. Foram figuras de força, que deveriam compensar os transtornos e resolver suas ambigüidades. Entretanto, o *patrono* só cuidaria de seus trabalhadores se eles fossem dóceis e não o pressionassem. O especialista autônomo clinicava, construía ou projetava cidades para outras pessoas — mas as condições de ingresso nessas profissões foram se tornando cada vez mais restritivas, de modo que a necessidade dos serviços sempre superava a oferta. O mercado moldou a aparência dessas figuras de força, embora elas dessem a impressão de se erguer acima dele.

AUTORIDADE 67

Os que lhe estavam submetidos não tinham como escapar do mercado. Continuaram a ser contratados e demitidos conforme as necessidades dos empregadores; continuaram a comprar serviços pelo preço mais alto do mercado. As autoridades prometiam proteção ou ajuda, mas, com freqüência, não cumpriam suas promessas. E dessa lacuna emergiu o traço essencial da autoridade moderna: figuras de força que despertavam sentimentos de dependência, medo e reverência, mas com o sentimento difundido de que havia algo de falso e ilegítimo no resultado. A força pessoal das autoridades era aceita, mas duvidava-se do valor de sua força para os outros. Aí começou a cisão entre a autoridade e a legitimidade.

Uma história contada sobre Andrew Carnegie ilustra esse processo. Um repórter foi a uma cidade à qual Carnegie havia doado uma de suas bibliotecas para trabalhadores. O repórter puxou conversa com um operário que vinha saindo da biblioteca. Ao lhe perguntar o que achava do benfeitor, o operário respondeu: "O sr. Carnegie é um grande homem, um amigo do homem comum." Em seguida, os dois começaram a falar dos problemas trabalhistas na cidade, de uma greve abortada e da queda dos salários. O operário encerrou a entrevista dizendo: "O sr. Carnegie é um grande homem, mas isto [apontando para a biblioteca] é um engodo." Era uma declaração em que os sentimentos relativos a Carnegie e a seus atos beneficentes foram igualmente sinceros.

Se vivenciássemos o poder de maneira fria e distante, poderíamos contar com uma certa conseqüência dessa cisão. Marx a esperou: a percepção da ilegitimidade acabaria por desgastar a força percebida na autoridade. O espírito negativo triunfaria, os servos se ergueriam contra seus senhores, nos quais já não acreditariam, e a sociedade ficaria livre. Mas isso faz pressupor que o sentimento da força de outra pessoa, por mais injustificado que se o considere, não tenha repercussões no sujeito.

A repercussão na sociedade moderna consistiu em as pessoas se envergonharem de ser fracas. Elas usam os instrumentos da negação para afastar esses sentimentos de vergonha e se defender do impacto das pessoas fortes que pareçam malignas. Os subordinados se defendem, declarando a ilegitimidade dos superiores. A linguagem da rejeição, nos relatos de casos que examinamos, mostra a etapa final desse processo: tornar segura a declaração da necessidade de pessoas mais fortes, de uma âncora no mundo, mediante a rejeição da legitimidade dos fortes. Assim, pode-se ser dependente sem ficar vulnerável.

A pedra angular desse processo complexo é o sentimento de vergonha por ser mais fraco do que alguém, e dele dependente. Nas sociedades aristocráticas ou outras sociedades tradicionais, a fraqueza em si não era um fato vergonhoso. Herdava-se a própria fraqueza; ela não era criada pelo próprio sujeito. O senhor herdava sua força, que também era impessoal. Assim, nos documentos do antigo regime, é comum encontrarmos um discurso mais franco dos servos perante seus senhores. O homem e a posição eram distintos. Como observou Louis Dumont num estudo sobre a hierarquia na sociedade indiana, *Homo Hierarchicus*, não era humilhante ser dependente nessas condições.

Mas, na sociedade industrial, passou a sê-lo. O mercado tornou instáveis as posições de dependência. Podia-se subir e podia-se descer. No plano ideológico, o impacto mais poderoso dessa instabilidade foi que as pessoas começaram a se sentir pessoalmente responsáveis por seu lugar no mundo;

passaram a encarar o sucesso ou fracasso, na luta pela vida, como uma questão de força ou fraqueza pessoais. "A pobreza", comentou certa vez o autor popular oitocentista Samuel Smiles, "é o quinhão dos que não têm força suficiente para prover seu próprio sustento." Diversos estudos mostraram que, durante o século XIX e o início do século XX, até a Grande Depressão, as pessoas apanhadas no tumulto econômico sabiam, abstratamente, que estavam nas garras de forças impessoais que lhes era impossível controlar; mesmo assim, viam seus infortúnios como um sinal de que não tinham sido suficientemente fortes para lidar com a situação. A idéia da sobrevivência do mais apto — o credo do darwinismo social — enraizou-se às avessas. Se alguém passava por um infortúnio, era pessoalmente responsável por ser fraco.

A vergonha de ser dependente foi o legado da sociedade industrial oitocentista para a nossa. Esse é um tema muito conhecido nos Estados Unidos. Começou pelo horror do homem do campo à "sujeição indecente da manufatura" e persiste na economia do bem-estar, mesmo depois de se haver estabelecido um piso mínimo nos piores desastres econômicos e de se haverem concedido por lei algumas garantias materiais às pessoas dependentes. Estudos feitos sobre negros urbanos pobres dos Estados Unidos, por exemplo, atestam sua crença em que receber ajuda da seguridade social, depender de pessoas que avaliam a fraqueza do indivíduo para decidir de quanto ele precisa, é uma experiência demasiado humilhante. Apesar de esses negros saberem que talvez estejam jogando contra cartas marcadas, ocorre a internalização da dependência como vergonha. Há também provas de que os trabalhadores franceses e ingleses que recebem o auxílio-desemprego experimentam sentimentos semelhantes.

Esses sentimentos não são "neuróticos" nem "irracionais". Antes, são sinais de como o fenômeno da dependência passou a figurar em nossa mente como uma situação ameaçadora, na qual ficamos vulneráveis e desprotegidos. Os romances do gênero "utopias negativas" — como *Nós*, de Zamyatin, *Admirável mundo novo*, de Huxley, e *1984*, de Orwell — são parábolas de como a dependência social abre a possibilidade da degradação pessoal absoluta para todas as classes. Depois que Winston, o protagonista de *1984*, finalmente abre mão do seu próprio juízo e se torna um servo dócil e fraco do Estado, Orwell encerra o romance com as seguintes palavras: "Ele havia triunfado sobre si mesmo. Amava o Grande Irmão." O medo de a dependência ser degradante começou pelas condições materiais de uma instável economia de mercado; e persiste como um medo da qualidade das relações entre fortes e fracos no Estado do bem-estar.

Para combater essas ambivalências em relação à dependência, esse sentimento de ser pessoalmente vulnerável quando se é dependente, instauraram-se os termos da negação da autoridade. Eles se tornaram defesas contra o sentimento de desamparo. Luta-se contra o medo da dependência fazendo algo mais complicado do que questionar os superiores. Isso é conseguido questionando-se a integridade da própria pessoa deles. É assim que procuramos eliminar o "senhor que vive do lado de dentro". Outra pessoa não tem legitimidade para nos impor exigências; quando conseguimos acreditar nisso, passamos a dispor de uma arma contra a sua capacidade de fazer com que nos sintamos fracos ou envergonhados.

A srta. Bowen, os contadores e o paciente de Mitscherlich, que falam fluentemente essa linguagem da negação, mostram-nos seu terrível paradoxo. A segurança que ela traz também estreita os laços com os superiores. Estes passam a ser objetos necessários do medo. Em vez de senhores expulsos do íntimo do sujeito, enraízam-se nele com mais firmeza. Fica-se alienado deles, mas não há uma libertação final.

O que precisamos compreender sobre as dimensões sociais mais amplas desse vínculo são as forças que passaram a ser vistas nas figuras dominantes de autoridade, nas figuras paternalistas e autônomas. Que tipo de vergonha sua força despertou entre os que dependem delas? Que atos de negação estreitaram os laços entre os dois lados?

Talvez a melhor expressão da deturpação do espírito negativista tenha sido a dos que mapearam sua ascensão e queda na literatura moderna. Em *Beyond Culture* [*Além da cultura*], Lionel Trilling definiu da seguinte maneira o espírito de negação:

> Qualquer historiador da literatura da era moderna praticamente tomará por certa a intenção oposicionista, a intenção realmente subversiva que caracteriza os textos modernos — perceberá seu objetivo claro de desvincular o leitor dos hábitos de pensamento e sentimento impostos pela cultura mais ampla, de lhe dar uma base e uma perspectiva a partir da qual ele possa julgar e condenar, e talvez corrigir, a cultura que o produziu.

Uma cultura que o escritor precisa rejeitar, uma cultura que merece ser rejeitada — mas uma cultura da qual ele necessita. Ela é o ponto de partida, a âncora: tudo é afirmado em reação a ela. E isso gera dependência. Irving Howe comentou: "O modernismo consiste numa revolta contra o estilo vigente, num ódio inflexível pela ordem oficial (...), [mas] tem sempre que lutar sem nunca triunfar propriamente e, depois de algum tempo, tem que lutar para não triunfar." Os ecos desse paradoxo são o que ouvimos na vida cotidiana, nas experiências da dependência desobediente, da substituição idealizada e das fantasias de desaparecimento. A rejeição e a necessidade tornam-se inseparáveis. Os fins libertários contemplados no nascimento do moderno espírito de negação, durante os primeiros anos da Revolução Francesa, foram frustrados.

Esse beco sem saída foi caracterizado em termos inequívocos por Octavio Paz. Para ele, a negação é criativamente estéril:

> Hoje em dia, (...) a arte moderna está começando a perder seu poder de negação. Há alguns anos suas rejeições são repetições ritualísticas: a rebeldia transformou-se em norma, a crítica, em retórica, a transgressão, em cerimonial. *A negação já não é criativa.* Não digo que estejamos vivendo o fim da arte: estamos vivendo o fim da arte moderna. [Grifo nosso.]

Mas, sendo assim, o que irá sucedê-la? Uma rendição às instituições dominantes? A retirada para os místicos recônditos do eu? O hedonismo resoluto? O problema é que nem as dores da sociedade nem a necessidade de outros seres humanos desapareceriam.

2

Paternalismo: uma autoridade do amor falso

A era do alto capitalismo destruiu para construir. O índice de crescimento das cidades no século XIX, por exemplo, não tivera precedentes, e tampouco os tivera seu simples tamanho. Para que esse crescimento ocorresse, o campo teve sua população drenada: aldeias se esvaziaram e a terra ficou sem cultivo. Mas a destruição da antiga ordem não significou que fosse esquecida. Muito pelo contrário. Ela foi idealizada, embonecada e transformada em objeto de pesar. A idiotia e a rudeza da vida rural foram tiradas da cabeça e o campo foi transformado num lugar de bem-aventurança bucólica, no qual um dia pareciam ter existido relações humanas profundas e francas.

Por toda parte, durante o século XIX, os fragmentos da vida antiga que o capitalismo estava destroçando foram apanhados e valorizados como objetos ainda mais preciosos, na medida em que eram demasiadamente vulneráveis, delicados e sensíveis para sobreviver ao violento ataque do progresso material. Assim como a aldeia foi idealizada como comunidade, a família estável, na qual as novas gerações iam assumindo seus lugares na ordem ditada pelos costumes, foi idealizada como a sede da virtude. Até onde existia essa família estável, sua asfixia dos jovens ou das pessoas cheias de vida, retratada de maneira diversa mas com grande vigor por Rousseau e Goethe no século anterior, foi afastada da mente.

Ao cidadão se ofereceu o pastiche como cenário da autoridade. Imagens de um mundo desintegrado foram pintadas numa tela, matizadas e apresentadas como aquilo que deveria ser a confiança, a proteção previdenciária e a segurança. A formação da comunidade, a integração de uns e outros, foi uma necessidade social atendida por afirmações como "antigamente era assim" ou "nós costumávamos...". Para conservar o senso de realidade, o cidadão teve que penetrar nessa bruma de pesares e decompor a paisagem, qual um pintor que, insatisfeito com uma colagem, retirasse passo a passo o que fora reunido.

Dentre as imagens compósitas da autoridade no século XIX, a que mais se destacou foi a imagem do pai, de um pai de época mais generosa e estável, superposta à imagem do patrão. Essa imagem da autoridade foi o paternalismo, tal como o alto capitalismo a construiu. Enquanto, nos séculos XVII e XVIII, quase todos os pais tinham sido realmente patrões de seus filhos, em fazendas ou em firmas dirigidas como empresas de família, a afirmação "o patrão é um pai", nas condições familiares mais instáveis e fragmentadas do século XIX, tornou-se uma metáfora. Essa metáfora paternalista foi usada de maneira generalizada e freqüente na nova economia, encobrindo a dura realidade material de que os patrões eram tudo, menos líderes que apoiassem, protegessem e amassem seus empregados. E o que há de interessante nesse paternalismo, à parte a simples freqüência com que ele aparecia, é o modo como os que lhe estavam submetidos aprenderam a desacreditar do pastiche que lhes era exibido. Eles não só pas-

AUTORIDADE   75

saram a desarticular essa metáfora específica, como vieram a
desconfiar de qualquer sentido do poder expresso em metáforas. E essa desconfiança do trabalho da imaginação, na política, foi um dos principais legados de negação do século XIX
para o XX.

A Evolução do Paternalismo

O paternalismo costuma ser indiscriminadamente usado
como sinônimo de patriarcado ou patrimonialismo, erro que
provém de se presumir que todas as formas de dominação
masculina são basicamente iguais. Na verdade, há importantes diferenças estruturais e históricas no significado dessas
palavras.

O patriarcado é a sociedade em que todas as pessoas se
aparentam *conscientemente* por laços consangüíneos. Cada pessoa define sua relação com qualquer outra na sociedade em
termos da linhagem: "Ele é tio do irmão de meu primo em
segundo grau", ou "Ele é da família constituída pela filha da
prima em terceiro grau de minha sobrinha, através de seu
casamento com um tio distante de meu pai". Num patriarcado, os homens são os laços de união dessas relações familiares. Eles decidem quem se casa com quem, a propriedade
passa pela linhagem masculina e assim por diante. Num
matriarcado, os elos de união são as mulheres. Numa poliarquia, nenhum dos sexos é dominante, mas todas as relações
sociais continuam a ser concebidas em termos de laços de família. Os exemplos mais conhecidos de patriarcado são as
famílias do Antigo Testamento; o exemplo mais célebre de
matriarcado, apesar de essencialmente mítico, são as amazo-

nas brasileiras; e os exemplos marcantes de poliarquia são as tribos reais da Amazônia brasileira descritas por Claude Lévi-Strauss.

A sociedade patrimonial assemelha-se à patriarcal em um aspecto e difere dela em outro. A propriedade passa de geração em geração através dos parentes masculinos; por exemplo, na Inglaterra e na França, a primogenitura transmitia a propriedade do filho varão mais velho de uma geração para o varão primogênito da seguinte. Considerava-se legítimo que os homens chefes de família determinassem os casamentos das pessoas da casa. O patrimonialismo difere do patriarcalismo pelo fato de as pessoas não conceberem suas relações sociais exclusivamente em termos da família. Elas podem pensar em si como "pertencentes" a um senhor feudal da Idade Média, mesmo não sendo aparentadas com ele. A linhagem consangüínea masculina tornou-se um modelo da herança de bens e posição numa sociedade que reconhecia conscientemente que, além da família, existiam outros laços de união entre as pessoas.

O feudo medieval é o exemplo mais óbvio de sociedade patrimonialista, porém não o mais interessante. O Japão moderno o é. Até alguns anos atrás, esperava-se que os padrões de deferência e de hierarquia etária que regiam a família japonesa também prevalecessem na indústria. Muitas vezes, a geração mais nova herdava os cargos dos mais velhos, em lojas, fábricas e empresas, em todos os níveis hierárquicos. Embora esses padrões estejam hoje começando a se tornar difusos, a linhagem consangüínea masculina era, de fato, o princípio da herança dos bens e das posições; mesmo quando homens de gerações diferentes não tinham de fato um parentesco consangüíneo, eles agiam como se o tivessem. Tal como assinalou Ronald Dore num estudo comparado da vida industrial no Japão e na Grã-Bretanha, o modelo patrimonialista não foi, de modo algum, um freio para o crescimento industrial japonês. Na verdade, o patrimonialismo deu à sociedade uma coerência e uma disciplina que talvez tenham figurado entre as causas principais de a indústria japonesa ter crescido com rapidez e eficiência.

O paternalismo difere do patrimonialismo no aspecto mais fundamental: o patrimônio em si não existe. A propriedade já não é legalmente transmitida do pai para o filho varão mais velho, de acordo com o princípio da primogenitura. Tampouco a sociedade garante legalmente que a posição ocupada por pessoa de uma geração seja ocupada por um seu parente da geração seguinte. Por exemplo, quando o sistema de intendência instaurou-se na França pela primeira vez, cada província passou a ser governada por um empregado do rei, e não pelos príncipes locais; a princípio, achou-se que a intendência passaria de pai para filho, como acontecera antes com os cargos das herdades medievais dos príncipes. Isso seria o patrimonialismo. Aos poucos, as intendências passaram a ser postas à venda quando ficavam vagas, e acabaram por ser oferecidas — uma idéia chocante, na época — às pessoas que, por suas ligações ou sua simples capacidade, eram consideradas mais aptas para administrar as províncias. Foi o fim do patrimonialismo. Em termos técnicos, o que havia começado como um *status* terminou como um cargo. Sem que haja algo estável para herdar — sem status, bens imóveis ou dotes —, o patrimonialismo enfraquece.

Na sociedade paternalista, os homens continuam a dominar. A dominação baseia-se em seu papel paterno: eles são os protetores, os juízes severos, os fortes. Mas essa base é mais simbólica do que material, diversamente do que ocorre na ordem patrimonialista. Na sociedade paternalista, nenhum pai pode assegurar a seus filhos um lugar conhecido no mundo: pode apenas agir como protetor.

Sob certo aspecto, o paternalismo talvez se afigure a única forma possível de dominação masculina numa sociedade de grandes mudanças, como a do século XIX. A organização material da vida era tão fluida, que correria perigo o homem que baseasse a reivindicação de poder em sua capacidade de transmitir uma quantidade fixa de bens a outra pessoa, num prazo de trinta ou quarenta anos. Para legitimar seu poder, o homem tinha que fazê-lo em termos de símbolos e crenças desvinculados dessas provas materiais. O exemplo japonês é uma advertência contra a suposição de que o paternalismo é a única forma de dominação masculina adequada ao rápido desenvolvimento do capitalismo. E também é verdade que, no capitalismo moderno, as famílias de ricos e pobres tendem, em geral, a reproduzir suas condições sociais; o filho de um presidente de empresa tem muito mais probabilidade do que o filho de um bombeiro hidráulico de freqüentar o colégio Eton, tornar-se sócio dos clubes importantes e também vir a ser presidente de empresa. Mas essa é apenas a norma geral; nenhum pai pode usar a lei para dar garantias. O paternalismo é a dominação masculina sem contrato.

O resultado disso é introduzir uma certa ambigüidade na figura de autoridade. O que a criança aprende sobre a proteção paterna não é o que o adulto jovem aprende sobre o patrão. O trabalho não é uma extensão natural da família. A figura de autoridade não pode ser explicada pela "suposição especular", isto é, pela suposição, freqüentemente feita pelos psicanalistas, de que as relações sociais mais amplas espelham as

AUTORIDADE

relações primárias amorosas, agressivas ou de adaptação no seio da família. Quando muito, ao deixar a família em que nasceu, todo ser humano vê essas relações se refletirem no trabalho ou na política como num espelho que distorce a imagem. Além disso, o que significa um homem em posição de poder dizer a outro adulto "Confie em mim", e fazer com que esse apelo desperte lembranças arcaicas da confiança que se experimentou quando criança? É fato que a ligação entre o pai e o patrão, na lembrança, pode fortalecer a influência desse patrão na disciplina e na obediência de seus empregados, mas, qual é a substância dessa ligação simbólica? Decerto não é, como no patriarcado, a idéia de que a sociedade inteira é uma família, e tampouco se baseia, como na ordem patrimonialista, numa idéia material e contratual da própria paternidade.

Os primeiros sinais de enfraquecimento do patrimonialismo surgiram muito antes do advento do capitalismo industrial. Esses primeiros sinais foram saudados por muitos como um grande avanço em direção à liberdade humana.

O declínio do patrimonialismo foi visto por John Locke, por exemplo, como a maneira de cercear o poder dos reis. O rei não poderia fundamentar seu poder nos direitos de herança familiar. Teria que justificar seus atos conforme eles fossem ou não racionais. Uma vez separados a família e o Estado, já não seria possível a um líder dizer, como disse Nicolau I: "Não me questioneis; sou vosso pai e isso basta!" Os grandes textos de Locke sobre esse assunto foram seus *Dois tratados sobre o governo civil* (1690). Ambos constituíram um ataque a Sir Robert Filmer, que levava ao extremo a tese patrimonialista de que a autoridade na família e no Estado era idêntica. A argumentação de Locke dividiu-se em duas partes. A primeira se referir à natureza do

próprio poder; escreveu Locke no parágrafo 2 do Capítulo
I do *Segundo tratado*:

> Creio não ser inoportuno expor o que julgo ser o poder políti-
> co, para que o poder do magistrado sobre o súdito possa distin-
> guir-se do pátrio poder sobre os filhos, do poder do amo sobre
> os servos, do poder do marido sobre a esposa e do poder do se-
> nhor sobre os escravos. Posto que todos esses poderes distintos
> reúnem-se às vezes num mesmo homem, talvez nos seja útil, se
> ele for considerado nessas diferentes relações, distinguir tais
> poderes uns dos outros (...).

A segunda metade de sua tese consistiu na relação entre o
poder autorizado, que ele considerou o poder justo, e a liberdade. Citando novamente o *Segundo tratado* [Capítulo 6,
parágrafo 61]:

> Portanto, nascemos livres, assim como nascemos racionais; não
> que tenhamos de fato o exercício da razão ou da liberdade: a ida-
> de que nos traz uma traz também a outra. (...) A liberdade de um
> homem nos anos de discernimento e a sujeição do filho aos pais,
> enquanto ainda não atingiu essa idade, são tão compatíveis e tão
> fáceis de distinguir, que os mais cegos defensores da monarquia
> através do direito de paternidade não podem desconhecer essa
> diferença, e os mais obstinados não podem deixar de admitir sua
> coerência.

As conseqüências das doutrinas de Locke foram radicais, como
ele sabia e como é atestado por sua enorme influência. Não
se poderia mais falar em "liberdade" como princípio universal; a liberdade na família diferia da liberdade no Estado. Des-
cartar o jugo familiar como imagem da ordem política também

AUTORIDADE   81

significaria, como percebeu Locke, perder o sentimento de continuidade. Em toda vida humana, um imenso divisor teria que se abrir quando a pessoa se tornasse adulta; as experiências da infância não teriam peso como guias da ação adulta racional.

Nas fases iniciais do capitalismo, as idéias de Locke realizaram-se das mais concretas maneiras. Grandes segmentos da burocracia estatal da Inglaterra e da França transformaram-se em cargos burocráticos no sentido moderno, em vez de serem um *status* hereditário. O grande divisor do ciclo de vida materializou-se através da separação crescente entre a casa e o trabalho. Enquanto a norma medieval era que o trabalho artesanal e comercial se localizasse fisicamente em casa e o pai funcionasse como patrão do restante da família, no final do século XVIII, as empresas em rápido crescimento mudaram-se para instalações maiores, onde muitas pessoas não aparentadas entre si operavam juntas, e onde elas começaram a trabalhar como indivíduos, e não como parte de unidades familiares. Esse divisor também se abriu nas massas da população compostas de trabalhadores agrícolas. O cercamento [*enclosure*] das terras criou vastos números de colonos migrantes, meeiros e arrendatários, e também estes tendiam a trabalhar como indivíduos, não como parte de unidades familiares. Na França, onde a massa dos camponeses arrendava a terra, cada aumento de impostos era motivo para que os jovens abandonassem os lotes de seus pais e se mudassem para outras aldeias, ou até outras províncias, onde pudessem começar sozinhos por um custo mais barato. Essas mudanças materiais esvaziaram a realidade do patrimônio e, portanto, também do patrimonialismo.

Nenhuma ordem social, é claro, extingue-se como uma vela. Ainda em 1952, um estudo sobre mulheres alemãs constatou que 62% delas levavam para o casamento um dote determinado por lei. Em partes da atual Itália meridional, os *padrones* são não apenas patrões dos agricultores, mas também, muitas vezes, chefes de clãs familiares a que esses trabalhadores pertencem. De modo mais profundo, o pai continuou a controlar o poder e as oportunidades de vida dos filhos durante toda a era vitoriana. Steven Thernstrom, numa pesquisa sobre famílias do operariado na América do século XIX, concluiu que os pais comumente sacrificavam as oportunidades ocupacionais dos filhos varões quando os punham a trabalhar em idade precoce, em vez de deixá-los permanecerem na escola e, desse modo, receberem formação para obter empregos melhores; e a intenção dessas figuras paternas era acumular dinheiro na família o mais depressa possível, a fim de comprar casas ou outras propriedades.

O grande problema da teoria de Locke, entretanto, foi sua crença em que, uma vez destruídas as bases materiais do patrimonialismo, a liberdade dos adultos fora da família aumentaria. Ele e outros idealistas liberais não previram que o que era passível de ser materialmente destruído podia ser reconstruído na imaginação: em metáforas ligando o pai e o patrão, o pai e o líder. O paternalismo tentou conseguir por novos meios o que o patrimonialismo havia realizado: uma legitimação do poder fora da família, através do apelo aos papéis exercidos dentro dela. Na medida em que esse apelo funcionasse, esperava-se que os subalternos fossem leais, gratos e passivos. Enquanto funcionasse, a liberdade de uma pessoa para julgar outra, de adulto para adulto, sofreria um desgaste. A grande dignidade do idealismo de Locke está em ele haver esperado que a dominação se reduzisse quando o patrimonialismo chegasse ao fim. Em vez disso, ela mudou de campo.

AUTORIDADE 83

Durante todo o século XIX, houve tentativas de fundar comunidades pautadas por princípios paternalistas. Na primeira parte do século, essas tentativas concentraram-se mais nas casas de correção, hospícios e presídios do que diretamente nas fábricas. Essas instituições procuravam "reformar" o caráter dos internos, em vez de serem simples locais de punição, como havia acontecido no antigo regime. Considerava-se necessária a "reforma" do caráter porque a formação original na família teria sido falha; foi por essa razão que, no século XIX, os hospícios, as casas de correção e os presídios reivindicaram para si direitos formais *in loco parentis*. O conceito de *in loco parentis* incorporado nessas instituições reformadoras baseava-se nos três pressupostos seguintes. Havia algumas doenças morais com que a família normal era fraca demais para lidar: loucura, perversão sexual e coisas similares. Havia outras doenças de que a família normal, especialmente a família normal pobre, era a causadora: indolência, "alcoolismo inveterado", prostituição. Para que o pai substituto tivesse sucesso onde o pai natural havia fracassado, a liberdade da pessoa em tratamento tinha que ser radicalmente cerceada. No famoso panóptico de Jeremy Bentham, por exemplo, o prédio era um conjunto de celas dispostas em círculo em torno de uma torre de observação central, para que os internos pudessem ser constantemente observados pelos médicos, pelos dirigentes dos reformatórios ou pelos guardas presidiários. Os internos não podiam conversar entre si nem saber se os guardas os estavam observando num dado momento, pois Bentham projetou um engenhoso conjunto de frestas e venezianas para a torre de guarda central. (O projeto do panóptico, publicado em 1843, foi usado na construção de instituições como a prisão de Rennes, em 1877, e a penitenciária federal norte-americana de Statesville, no início do século XX.) Havia controle, porém não havia intercâmbio visual nem verbal — ou melhor, a iniciativa de qualquer intercâmbio ficava com os guardas, administradores e médicos invisíveis. Nessa idéia de um ambiente de reforma moral, o genitor substituto adquire muito mais poder do que o genitor natural, e a própria idéia de poder é transformada num controle unilateral em que o sujeito é influenciado, mas não pode, reciprocamente, influenciar aqueles que lhe prestam cuidados.

As tentativas originais de colocar os empregadores da indústria *in loco parentis* frente a seus empregados não pretenderam tanta severidade, nem tampouco um reformismo moral. Nos Estados Unidos, na década de 1820, houve muita resistência à construção de grandes fábricas; continuava forte a idéia jeffersoniana de que os males da pobreza da Europa seriam importados pela América, se a economia agrícola americana fosse superada pelo industrialismo. Para convencer os outros de que o industrialismo em si não era fonte de corrupção, os projetistas das fábricas de Waltham e Lowell, no estado de Massachusetts, decidiram construir comunidades industriais em que a integridade dos valores familiares pudesse ser preservada. Nesses experimentos, as operárias eram moças recrutadas pelas fábricas por apenas alguns anos; esperava-se que juntassem algum dinheiro para o momento de se casarem e que deixassem as fábricas quando encontrassem maridos adequados. Ao contrário de Robert Owen, em sua fábrica experimental de New Lanark, na Escócia, os empresários americanos não pensavam em aprimorar moralmente a vida das operárias acima do nível das famílias de que elas provinham; seu objetivo era, simplesmente, dar continuidade ao que a maioria dos americanos julgava ser a integridade essencial da

AUTORIDADE 85

família camponesa estadunidense e, com isso, retirar a contundência do industrialismo.

Para tanto, os planejadores de Waltham providenciaram grupos de leitura, palestras e aulas de catecismo noturnos para as operárias. Ofereceram a suas empregadas o primeiro serviço global de assistência médica. Acima de tudo, em sua função *in loco parentis*, os donos das fábricas trataram de proteger a moral das jovens, construindo dormitórios em que elas pudessem morar — dormitórios supervisionados por inspetoras que ficavam de serviço a noite inteira, desde a hora em que as operárias chegavam das fábricas até aquela em que tornavam a sair para trabalhar de manhã. Na concepção e na operação dos dormitórios, entretanto, as relações de poder do panóptico de Bentham ressurgiram na prática, ainda que não fossem intencionais. Os dormitórios eram cômodos compridos, de pé-direito alto, onde as camas se dispunham como numa enfermaria de hospital. As inspetoras ficavam de serviço nesses aposentos, mesmo enquanto as moças dormiam; não só as protegiam de intrusos, como impediam que elas fugissem. Era impossível qualquer tipo de privacidade sexual ou namoro. Além disso, os rapazes que iam visitá-las tinham que marcar hora, e as inspetoras impunham normas para regular a duração e as condições desses encontros. A colocação da função parental num contexto burocrático teve o efeito de aumentar o poder dos pais substitutos para além do que normalmente prevalecia em família.

Na França, a doutrina do *in loco parentis* existiu por centenas de anos, na educação, antes do século XIX. (Esse princípio também ocorria no ensino britânico, mas nunca se articulou de maneira tão vigorosa ou complexa quanto nos *collèges* franceses, escolas aproximadamente equivalentes aos ginásios britânicos do antigo regime.) Durante as primeiras décadas do século XIX, a doutrina do *in loco parentis* foi aplicada à vida industrial pelo abade Lamennais* e por Saint-Simon.** As oficinas concebidas por Saint-Simon, que foram brevemente ressuscitadas durante a Revolução de 1848, eram cooperativas. Todos os seus componentes tinham voz no processo decisório. Ao mesmo tempo, havia líderes que Saint-Simon chamava de *pères du travail*, e esses pais, exatamente como o pai ao lidar com os filhos em família, tinham que ajudar os trabalhadores menos capazes ou mais inexperientes a decidir o que mais conviria a seus interesses. A oficina em si devia ser um *'foyer'*, um lar ou local de vida familiar, que constituiria o centro de toda a vida dos trabalhadores; Saint-Simon acabou considerando que a família biológica destes últimos era um apêndice da oficina. Nas palavras dele, o *père du travail* viria a se tornar, por extensão, o conselheiro da família. Mais um deslocamento, mais uma ampliação do poder do pai substituto.

O panóptico, New Lanark, as fábricas de Waltham e as oficinas de Saint-Simon, todos foram concebidos contrariando o espírito econômico individualista do século XIX. Todos esses experimentos paternos tentaram criar comunidades. No caso dos experimentos industriais, essas versões do *in loco parentis* procuraram proteger as condições de trabalho da influência dominadora da taxa de salários do mercado, uma influência que, se deixada por conta própria, determinaria quem iria

---

*Hugues Félicité Robert de La Mennais (depois Lamennais) (1782-1854), padre e escritor francês, uma das figuras mais influentes e controvertidas da Igreja francesa; fundador, entre outros, de um jornal em que os cristãos liberais exigiram a separação entre a Igreja e o Estado. Depois de romper com a Igreja, passou a professar um humanitarismo socialista. (*N. da T.*)

**Claude Henri de Rouvroy, conde, depois duque de Saint-Simon (1760-1825), filósofo e economista francês que se dedicou ao estudo dos fenômenos socioeconômicos e cuja doutrina abriu caminho para o positivismo e para o socialismo humanitário. Pai do memorialista Louis de Rouvroy, também duque de Saint-Simon. (*N. da T.*)

AUTORIDADE

pertencer às oficinas, como se tomariam as decisões e coisas similares. Assim, a crítica feita pelas pessoas realistas a essas primeiras versões do paternalismo foi que elas eram enfeites supérfluos, idealistas e dispendiosos.

No fim do século XIX, entretanto, essas primeiras idéias tinham sido tão absorvidas pela economia que se tornaram lucrativas. Construíram-se grandes cidades industriais por todo o leste dos Estados Unidos; fora de Londres, novas fábricas foram planejadas nos arredores de Bristol, Birmingham e Leeds, e na ocasião seus proprietários construíram moradias para os trabalhadores, além das próprias fábricas; no desenvolvimento suburbano dos arredores de Paris e Lyon, os industriais ramificaram seus negócios para a construção civil e a posse das lojas varejistas em que seus empregados faziam compras. Essas inovações foram bastante realistas: as grandes fábricas tinham populações residentes suficientemente grandes para que se tornasse economicamente atraente, para os produtores, diversificar os negócios para os ramos de imóveis ou do comércio varejista.

Esses patrões adquiriram um controle cada vez maior sobre a vida de seus empregados. E foram, correspondentemente, os mais pressionados a definir princípios que não os do livre mercado para esse controle; seus empregados viviam, trabalhavam e faziam compras num meio que não parecia nada semelhante ao mercado livre. Foram esses patrões que, com muita freqüência, recorreram às antigas idéias do paternalismo. Diziam estar agindo pelos empregados no próprio interesse deles, mas, em contraste com as escolas benthamiana ou oweniana mais antigas, afirmavam que o resultado era um benefício econômico recíproco para empregados e empregadores, além de um ambiente moralmente sadio. Como os industriais de

Waltham, eles se preocupavam com os serviços comunitários prestados a seus empregados, mas, ao contrário daqueles, afirmavam abertamente que tais serviços tinham um valor moral, porque os trabalhadores satisfeitos eram mais produtivos e menos propensos a greves do que os insatisfeitos.

Já houve quem dissesse, algumas vezes, que o paternalismo empresarial das cidades siderúrgicas do Meio-Oeste norteamericano, ou dos subúrbios industriais de Leeds ou Lyon, prefigurou o capitalismo de Estado do século XX. O capitalismo de Estado também é um sistema em que o trabalho, o bemestar e o controle da vida das pessoas de uma comunidade por uma empresa fundem-se numa unidade só. Mas essa visão não é muito correta. O paternalismo empresarial foi uma tentativa de lidar com dois fatos fundamentais da era do alto capitalismo. A família e o trabalho já não estavam materialmente unidos como na era patrimonialista, ou como viriam a ser economicamente no Estado previdenciário. As pressões econômicas que fragmentavam esses campos também isolavam os indivíduos e os deixavam entregues à sorte do mercado, e, ainda nesse caso, o Estado do bem-estar tinha a esperança de abrandar os excessos do mercado. Os paternalistas empresariais tentaram unir simbolicamente a família e o trabalho, através de imagens deles mesmos como autoridades. Ao fazê-lo, estavam em busca da coesão comunitária, e queriam obter índices mais altos de produtividade dessas comunidades estáveis de trabalhadores.

Tanto tiveram êxito quanto fracassaram. Criaram um vínculo de rejeição com seus empregados, como os vínculos discutidos no Capítulo 1. Um dos exemplos mais dramáticos dessa vinculação em escala coletiva é a história da cidade de Pullman, no Illinois, construída por George Pullman ao redor de sua imensa fábrica de vagões-leito no fim do século XIX.

AUTORIDADE 89

George Pullman

Em 12 de maio de 1894, os operários da Pullman Palace Car
Company entraram em greve. O movimento durou três meses
e, antes de chegar ao fim, alastrou-se do subúrbio da zona sul de
Chicago, onde se situavam as fábricas Pullman, para a nação inteira.
Foi a primeira experiência norte-americana de uma tentativa de
greve geral, e uma das primeiras experiências norte-americanas
no uso maciço de tropas federais para conter a desordem civil.

O mais surpreendente nessa greve foi sua origem. Pullman,
no Illinois, era tida como uma das cidades industriais de maior
sucesso então sendo construídas na América, e Pullman era visto como um empresário de ponta. Ele combinava um pouco do
idealismo dos saint-simonianos com uma capacidade quase au-
tomática de coordenar uma organização de larga escala. A cidade
de Pullman refletia essas características. Sua arquitetura era uma
mescla de todos os estilos que Pullman julgava "expressarem mais
nobremente seus objetivos"; assim, uma igreja semelhante às da
Nova Inglaterra, revestida de ripas de madeira branca, foi construída ao lado do prédio gótico da prefeitura, erigido ao mesmo
tempo. Os prédios da fábrica eram de tipo romano e a maioria
das casas dos operários parece ter seguido o estilo do fim do
período georgiano. Por outro lado, a construção desses vôos
arquitetônicos da fantasia foi feita com extrema eficiência: por
ocasião da greve, Pullman havia construído casas para 12.600 pessoas. (No plano nacional, a Pullman Palace Car Company tinha
14.000 empregados, dos quais 5.500 trabalhavam na cidade.) As
condições de vida dessas pessoas eram rigidamente controladas,
muito mais do que em outras cidades empresariais da época: era
proibida a venda de bebidas alcoólicas nos armazéns e na hospe-
daria da cidade, todos pertencentes à empresa de Pullman. Havia
também regras sobre o consumo de cigarros e um toque de

recolher. Grande, eficiente, moralista e dirigida com mão de ferro — a cidade, portanto, refletia o homem.

O paternalismo de Pullman era demonstrado da maneira mais expressiva em suas idéias sobre a propriedade. Nenhum trabalhador tinha permissão de comprar casas, pois isso enfraqueceria o controle do patrão. Em 1890, ele teceu os seguintes comentários com um visitante:

> Na verdade tenho a intenção de construir outra cidade, perto desta, onde cada morador possa ter uma casa de acordo com suas próprias inclinações, adequada a suas necessidades, e que lhe pertença. (...) Não creio que tenha chegado o momento de iniciar essa empreitada. Se eu tivesse vendido os terrenos a meus empregados no começo da experiência, correria o risco de ver instalarem-se aqui famílias não suficientemente acostumadas aos hábitos que quero desenvolver nos habitantes da cidade de Pullman, e todos os benefícios da minha obra estariam comprometidos pela presença delas. Hoje, porém, após dez anos de prática, várias famílias reconhecem as vantagens desses hábitos e providenciarão para que sejam observados onde quer que venham a se instalar. Essas famílias são a nata e, aos poucos, espero vender a algumas delas as áreas de construção próximas das oficinas.

A afirmação "[eu] correria o risco de ver instalarem-se aqui famílias não suficientemente acostumadas aos hábitos que quero desenvolver nos habitantes" talvez seja a expressão mais sucinta que podemos encontrar da atitude de Pullman.

Tratou-se de uma atitude que, desde o começo, os operários da empresa compreenderam e aprovaram. Esses trabalhadores, em sua maioria, eram imigrantes vindos do exterior; a cidade tinha um número particularmente elevado de camponeses suecos e do norte da Alemanha. Pullman transpôs para

AUTORIDADE 91

o mundo industrial um pouco dos pressupostos patrimonia-
listas que eles haviam conhecido em seus países de origem,
pressupostos que vinham desaparecendo em sua terra natal.
(Em meados do século XIX, a destruição da base territorial
do sistema patrimonialista tinha-se difundido até os confins
mais setentrionais da Europa.) Pullman realmente parecia um
protetor, tanto em termos materiais quanto afetivos. O fato
de tratar seus empregados como crianças parecia perfeitamente natural, dada a maneira como aplicava seu poder.

Se, para os imigrantes, essa cidade era um oásis de ordem
no deserto norte-americano, aqueles aspectos protetores também atraíram os nativos da terra que vinham encontrando
dificuldades na nova ordem industrial. Vejamos a expressão
de um peão de fazenda que se mudou primeiro para Chicago
e, em seguida, para Pullman:

> Tínhamos uma casinha no lado leste [de Chicago], mas havia lama
> por todo lado, duas cervejarias a um quarteirão de distância, nuvens
> de carvão betuminoso, sistema de esgotos precário, uma água pavo-
> rosa e mais uma porção de coisas ruins e desagradáveis. Depois que
> nossas meninas nasceram, comecei a me sentir incomodado, (...)
> houve muitas mortes em nossa parte da cidade por difteria e escar-
> latina, e era quase impossível mantermos tudo limpo. (...) Eu soube
> que poderia trabalhar aqui [em Pullman] por um salário igual aos
> que eram pagos na cidade, e que poderia alugar uma casa de tijolos
> confortável, com água e esgoto, (...) por quinze dólares mensais. (...)
> Temos uma casa limpa e sossegada, e muito ar puro. Meus filhos
> estão sadios e, quanto a minha mulher, ela parece outra.

Considerando-se uma comunidade industrial que dava às pessoas tamanho sentimento de proteção, e que, além disso, era

lucrativa, por que terá sido palco de uma das greves mais dramáticas da história do capitalismo norte-americano? À primeira vista, parece haver duas razões.

Antes de mais nada, Pullman era uma comunidade instável. O jornalista Richard Ely observou:

> Ninguém encara Pullman como um verdadeiro lar e, a rigor, mal se pode dizer que haja mais do que moradores temporários na cidade. Uma mulher disse ao repórter que morava em Pullman havia dois anos e que, entre os seus conhecidos, apenas três famílias já viviam lá quando ela chegou. Ao lhe ser indagado: "É como viver num grande hotel, não é?", ela respondeu: "Nós chamamos isso de acampar."

Os operários mais diligentes das fábricas Pullman compraram casas fora da comunidade, assim que lhes foi possível; os "bons filhos" escaparam ao controle do patrão, pois queriam ser proprietários e ele se recusava a abrir mão de seu poder paterno, vendendo os imóveis. Os que permaneceram na cidade eram pessoas que, por esta ou aquela razão, não conseguiam acumular capital para comprar uma casa. Elas se julgavam cidadãos de segunda classe, ressentindo-se tanto dos empregados mais bem-sucedidos quanto da companhia que se recusava a transformar seus pagamentos de aluguel num investimento de capital. Pullman nunca previu que operários estrangeiros viessem a considerar tão importante a posse de uma propriedade particular. Eles a viam dessa maneira não só porque a condição de proprietários trazia segurança material, mas também porque era um símbolo de assimilação na nova cultura, um modo de deitar raízes. Essa foi a ironia do paternalismo de George Pullman: ele só conseguiu conservar o poder sobre o aspecto físico da comunidade,

AUTORIDADE   93

sobre quem fazia parte dela e sobre o estilo de vida dessas pessoas enquanto negou a seus protegidos a oportunidade de serem
proprietários. A propriedade privada ameaçou os controles
paternalistas desse capitalista de extremo sucesso.

A segunda fonte de revolta abrangeu a todos os trabalhadores
da fábrica de Pullman. O paternalismo personaliza as relações
humanas no trabalho: eu, seu empregador, importo-me com
você e vou cuidar de você. Mas essa é uma fórmula perigosa.
Quando as coisas vão mal, o que os empregados responsabili-
zam não são abstrações como as pressões de mercado. É o empregador. Eles o consideram pessoalmente responsável por seu
poder. O líder dos grevistas de Pullman, Thomas Heathcoate,
teceu este comentário depois da greve: "Os empregados eram
muito receptivos ao sr. Pullman, até que os atos da última administração [com o que ele se referia a contramestres situados
vários escalões abaixo de Pullman na estrutura da empresa] pareceram levar os homens a se ressentirem dele." Não só os erros
de seus subalternos passaram a ser, em última instância, erros
do próprio patrão, como as oscilações da economia fora da
empresa, às quais a direção se adaptava, tais como mudanças na
demanda que exigiam a dispensa temporária de empregados,
passaram a ser interpretadas como uma traição pessoal de
Pullman contra seus protegidos. Bem analisado, isso é perfeitamente lógico. Pullman afirmava um controle pessoal sobre
eles; assim, tornou-se pessoalmente responsável pelo que lhes
acontecia. O resultado foi transformar o problema da tensão
econômica numa questão altamente emocional. Um operário
da empresa, por exemplo, fez este comentário sobre seu
superior imediato: "O tratamento que temos recebido do contramestre da empresa é pior do que o destinado aos escravos
do Sul em qualquer época." Para um estranho, isso soaria como

um flagrante absurdo; para um operário, parecia novamente ló-gico, porque o trabalho se tornara uma relação pessoal.

O paternalismo contradizia o individualismo da época, expresso no desejo de possuir bens particulares. Exercia um controle demasiado pessoal sobre a vida dos trabalhadores; quando os conflitos surgiram, a repercussão foi também imensamente pessoal. Mas esse processo se arraigava na sociedade, como começamos a examiná-lo no capítulo anterior. A forma de construção da metáfora paternalista era um convite à negação. Mas os atos de negação uniram empregados e patrões. Para os trabalhadores, tornou-se difícil formar associações de cooperação mútua, agir de maneira fraterna e eficaz. Todas as suas energias estavam concentradas no relacionamento com o patrão, com sua alta carga afetiva.

Já em 1885, observadores americanos de Pullman estavam tentando compreender esse nó. Naquele ano, Richard Ely escreveu um famoso artigo para a *Harper's Magazine*, no qual a cidade foi retratada como o modelo de sociedade totalmente controlada que, tempos depois, George Orwell retrataria em *1984*. A atitude paternalista de Pullman, por mais bem intencionada que fosse, era, na opinião de Ely, a fonte da perda de liberdade que os trabalhadores sentiam na cidade. Uma análise mais aprofundada da ligação entre a paternidade e o poder de um adulto sobre outro surgiu alguns anos depois da greve de Pullman, num artigo publicado pela assistente social Jane Addams na *Survey Magazine*, em 2 de novembro de 1912. Trata-se de um estudo notável sobre a afirmação e a negação da autoridade pessoal na sociedade contemporânea.

Em "Um Lear moderno", Addams abordou a idéia de que Pullman era um empregador paternalista, comparando esse industrial de nossos dias ao rei Lear de Shakespeare. O traço de união entre eles era que a benevolência de ambos suscitava rejeição — Lear nas mãos de suas filhas, Pullman nas de seus empregados. O método de Addams foi metafórico — Pullman foi visto como um Lear — porque seu tema era "O patrão é um pai". Mas a autora também estava tentando entender por quê, no mundo industrial, os filhos rebeldes não tomavam o lugar de seus pais substitutos, tornando-se, porém, cada vez mais dependentes deles.

Addams comparou Lear e Pullman sob quatro aspectos. Primeiro, numa relação paternal, uma pessoa é autorizada a controlar os limites da realidade de outras. Formulando a questão em sua prosa elegante, disse ela:

> Lear sem dúvida agitara um chocalho diante dos olhos infantis de Cordélia, para ter o prazer de ver aquelas mãozinhas róseas e delicadas se estenderem para pegá-lo (...) era-lhe impossível observar calmamente o desenvolvimento da filha num sentido além da força de sua própria mente e de sua compreensão.

No momento em que Cordélia se rebela contra o controle que o pai exerce em sua vida, Addams diz:

> Para ele, foi uma novidade ver a filha ser movida por um princípio que lhe escapava, que nem mesmo sua imaginação era capaz de acompanhar; vê-la apreender a idéia de uma vida tão vasta, que sua relação filial tornava-se apenas parte dela.

Foi esse mesmo sentimento de se sentir autorizado a controlar os limites da realidade alheia que levou Pullman a determinar os horários em que seus operários podiam andar na rua, proibi-los de beber e até determinar como deviam vestir-se.

Enquanto os trabalhadores, como a menina, aceitaram esse controle como perfeitamente correto e apropriado, o vínculo não ficou sujeito a um grande escrutínio consciente. Mas, no momento em que a menina ou os operários enxergaram além dos limites daquela realidade imposta pelo rei ou pelo patrão, o próprio fato de o pai exercer o controle das portas da realidade alcançou o primeiro plano da consciência. Foi preciso esse vislumbre do que havia além das portas para levar as pessoas a perceberem a profundidade do controle. A menina ou os operários confrontaram-no com uma ira revoltada; o rei ou o industrial se conscientizaram do quanto haviam tentado implantar seus próprios valores na vida de outras pessoas ao se sentirem traídos. "Fui um pai para eles", lamentou-se Pullman, confuso e magoado com o fato de, apesar disso, os operários haverem entrado em greve.

Nesse ponto, Jane Addams tocou no componente mais simples e mais sutil dessa ligação. O paternalismo apela para o controle da realidade que os pais exercem sobre os filhos. Em qualquer família, esse controle não é puro amor nem puro poder; o altruísmo e o egoísmo se juntam. Nas palavras de Hawthorne, "A benevolência, nesse caso, é irmã gêmea do orgulho." Essa ligação torna-se consciente quando os filhos se enfurecem porque tão controlados e o pai sente-se traído pela rebeldia deles. Nesse momento de crise, pelo fato de todas as partes implicadas se haverem conscientizado de sua constituição, tal ligação é plenamente sentida.

Lear e Pullman esperavam que seus protegidos demonstrassem reconhecimento, sendo obedientes e corteses. Ora, seria fácil objetar que, neste ponto, desfaz-se a ligação entre um industrial e um pai comum, não um rei Lear, porque os pais comuns não fazem essas exigências unilaterais a seus filhos. Em seu ensaio, Jane Addams deu uma resposta assaz interessante a esse problema. Lear, assinalou ela, estava cônscio de que, ao entregar seu reino antes de ser obrigado a fazê-lo, estava agindo "exageradamente" como pai. Da mesma forma, Pullman

> havia cumulado de benefícios extraordinários aqueles perante quem não tinha nenhum dever reconhecido de comum acordo (...), havia não apenas ultrapassado a missão do empregador, como também (...) elaborado métodos originais e estritos de esbanjar bondade e generosidade (...).

De fato, observou ela,

> (...) por sua bondade, o presidente fora quase perseguido pelos membros mais utilitaristas da empresa; e, em certa ocasião, pusera em risco a reputação da firma para conceder benefícios a sua cidade (...).

Os dois homens foram "além da medida" do dever ou da lei. Curiosamente, ao fazer mais do que o necessário como empregador, as pessoas descreviam Pullman como um patrão paternalista. Duas imagens: Lear, um pai excepcional; e Pullman precisando ser um patrão excepcional, a fim de ser visto como um pai.

Essas duas imagens são pistas sobre a metáfora implicada no paternalismo. Ao associar "pai" e "patrão", o paternalismo amplia a escala e o poder do termo "pai". É um rei Lear que nos explica Pullman como pai. Similarmente, nos hospícios ou reformatórios do início do século XX, no panóptico de Bentham e nas fábricas de Lowell e Waltham, o fator do controle parental foi inflacionado além de sua "medida natural". Esse processo é muito diferente do espelhamento dos papéis familiares na vida social em que os psicanalistas tendem a acreditar. O *in loco parentis*, ou a crença no caráter paterno de um superior, afeta nosso próprio conceito de pai. Em particular, o componente de benevolência egoísta da paternidade é ampliado. No panóptico de Bentham, os ocupantes da torre central recebem poderes extraordinários sobre aqueles de quem estão encarregados, a fim de reformá-los e de lhes fazer bem, mas esse poder benevolente é totalmente egoísta; os protegidos não podem falar com seus superiores, nem sequer podem vê-los. Isolados, não questionados e não interrompidos, os superiores fazem o bem. Na cidade de Pullman, os trabalhadores não tinham permissão de se tornar proprietários, para não questionarem seu patrão nem o interromperem na execução de suas boas obras. Essa é a benevolência egoísta, ampliada além do usual na vida familiar.

A comparação da conduta entre papéis de escala diferente, entre um pai com um ou dois filhos e um patrão com vários milhares de empregados, funciona quando se selecionam elementos da cena menor para usá-los no confronto. O princípio de seu uso é a ampliação, em vez da redução. A conseqüência é que um encontro humano direto — entre filho e pai — converte-se na matéria de uma imagem de autoridade que é dominadora e intimidante. Torna-se uma realidade ampliada, mas baseada numa experiência com que o subalterno pode se identificar. No processo de ampliação, o papel se transforma; apenas alguns elementos são ampliados, de modo que o papel se torna uma versão distorcida do original em pequena escala. Por isso é que a comparação feita por Addams entre Pullman e Lear é mais apropriada do que se ela houvesse comparado o empresário com um homem que esperasse dos filhos uma espécie de equilíbrio entre a cortesia e a independência.

Também é por isso que o trabalho da imaginação numa cultura paternalista difere muito do de outras formas de dominação masculina. Numa sociedade em que as relações sociais sejam conscientemente percebidas como familiares, as pessoas podem equiparar diretamente o pai, o tio ou o avô com tipos diferentes de governantes. Não há necessidade de um princípio de transformação. "O governante é seu pai", ou "O governante é seu avô", é uma afirmação mais literal do que metafórica. Nas sociedades em que a linhagem não mapeia as relações humanas, deve-se usar alguma norma de transformação ao estabelecer associações entre a família e a política, o trabalho ou a situação de guerra. A ampliação do papel em pequena escala é uma forma comum de fazê-lo, pois começa por algo concreto e imediato na experiência de cada pessoa e literalmente o amplia até o ponto em que possa ser útil para dar sentido a pessoas distantes e remotas. Essas pessoas tornam-se imediatas (sabemos como elas são) e assustadoras — trata-se de superpais.

Visto que o paternalismo é mais complexo do que uma simples comparação entre reis, líderes sindicais ou patrões e o pai, os sentimentos despertados pela figura paterna são apropriadamente mais complexos do que os despertados pelo pai. A vergonha é um bom exemplo disso.

Uma criança não tem por que se envergonhar de obedecer ao pai. Mas, ao criticarem a vida social da cidade de Pullman, as pessoas de fora, como Richard Ely, aludiam freqüentemente ao fato de ser vergonhoso que um adulto tratasse outro como se fosse seu pai. Isso é muito diferente das suposições feitas numa sociedade patriarcal ou patrimonial. Nessas sociedades, um adulto que obedeça a outro não costuma ser mais vergonhoso do que uma criança que obedece ao pai. Na família, por outro lado, o pai questionado pelos filhos não precisa, necessariamente, sentir-se humilhado quando eles conseguem opor-lhe resistência; na verdade, pode ficar satisfeito por eles terem a coragem de enfrentá-lo. Quando a paternidade é ampliada na imagem peculiar do paternalismo, a resistência deixa o ego benevolente exposto; Pullman preocupava-se com a idéia de não poder andar de cabeça erguida na comunidade empresarial depois de seus operários haverem entrado em greve.

Ampliação da benevolência egoísta, exigência de uma deferência passiva, introdução da vergonha na obediência: esse catálogo de males pode levar a crer que o paternalismo é, em geral, uma questão de má intenção. Perderíamos de vista o patos da autoridade na era do alto capitalismo se pensássemos assim. Pullman fez um esforço enorme para oferecer a seus trabalhadores algo mais do que um emprego. Durante todo o século XIX, os controles paternalistas foram similarmente motivados pelo desejo de estabelecer contatos pessoais, face a face — de criar comunidades —, num sistema econômico que estava sempre empurrando as pessoas para os caminhos da luta individual e da competição mútua. Além disso, o recurso à família, e não à Igreja ou à vida militar, teve uma finalidade: as alusões à família eram tentativas de tornar calorosos esses contatos pessoais, em vez de uma questão de fé ou de agressividade compartilhadas. A metáfora visava à intimidade. O patético nessa busca de uma imagem de autoridade pessoal é que a intenção foi pervertida pelas condições de poder econômico que deram forma a essa imagem. Os operários de Pullman passaram a reagir à forma de seu oferecimento, e não a sua motivação. Não poderiam agir de outro modo: tinham que negar os termos da benevolência dele, se não quisessem mergulhar numa dependência abjeta.

AUTORIDADE 101

Em meus tempos de estudante, deparei com um comentário na grandiosa *História do liberalismo europeu*, de Ruggiero, que me pareceu incompreensível. Ele observou que a tragédia do industrialismo do século XIX não estava no fato de os poderosos serem opressores nem de os subordinados estarem insuficientemente armados para se defender; isso sempre acontecia, era o significado da dominação. Para Ruggiero, a tragédia do industrialismo moderno era que os subalternos jamais conseguiriam transcender os termos do poder usado por seus opressores. Nenhum dia do Juízo Final, nenhum apocalipse viria enfim promover um acerto de contas; os fracos só poderiam resistir sendo o negativo do que quer que os poderosos quisessem. A conclusão do ensaio de Jane Addams deixa vividamente claro o que Ruggiero queria dizer, e portanto, a razão por que fortes e fracos viram-se aprisionados na vida uns dos outros.

Estamos lembrados da vívida cena da peça de Shakespeare em que o rei Lear pede a Cordélia um sinal de sua deferência, reconhecimento e amor. Na verdade, ele não pede muito: apenas algumas palavras. Mas Cordélia responde a seu apelo não lhe oferecendo nada. Nas palavras de Addams,

> Parece-nos tacanha uma concepção tendente a romper com o passado dessa maneira abrupta, e tendente a presumir que o pai não tinha qualquer participação na nova vida dela. Ficamos com vontade de lembrar a Cordélia que "a devoção, a lembrança e a fidelidade são laços naturais".

Se verdadeira, essa observação levantaria algumas questões perturbadoras sobre o paralelo entre Cordélia e os operários de Pullman.

A maioria das pessoas sensatas de hoje pode se identificar com os trabalhadores que fazem greve para melhorar sua situação econômica; a maioria é capaz de compreender, ao menos solidariamente, o impulso de contestação da autoridade paterna que pode ocorrer nesse processo. O que Addams propõe é que algo valioso se perde nesse ponto de ruptura. Os trabalhadores colocam-se contra o patrão, a favor deles mesmos. O apetite de posse é despertado. As palavras de Addams são eloqüentes:

> O fato de um sentimento de posse recém-adquirido resultar nas cenas bárbaras, nas incríveis cenas de amargura e assassinato que foram o quinhão do rei Lear, não deixa de lembrar as cenas bárbaras de nossas relações políticas e industriais, quando o sentimento de posse, de obter e reter, é despertado em ambos os lados.

A negação da autoridade não transcende o etos do capitalismo: "posse" é o termo dominante. A visão de uma ordem social melhor, ou de uma autoridade mais receptiva e fomentadora, de uma autoridade *melhor*, não é gerada por essa resistência.

O trabalho de Charles Tilly e Edward Shorter sobre os protestos trabalhistas franceses do século XIX mostrou que os operários das cidades empresariais demoravam mais a se organizar do que os que viviam em cidades com muitas indústrias, ou com indústrias não controladas por patrões paternalistas. Um estudo de Daniel Walkowitz, *Worker City, Company Town* [*Cidade de trabalhadores, vila da empresa*], mostra que os trabalhadores tiveram uma dificuldade semelhante na América industrial oitocentista. A força do paternalismo, entretanto, é mais do que uma questão de desviar os protestos. Uma das conseqüências desse conflito altamente carregado é

AUTORIDADE   103

que o trabalhador pode rejeitar qualquer um que lhe estenda a mão para ajudá-lo. Um exemplo vívido aparece na seguinte lembrança de um operário que morou em Pullman na década de 1880:

> Depois que acabou a greve, voltei para a fábrica Sleeping Palace. Eles ainda apareciam, sabe, os socialistas, tentando inflamar as coisas outra vez. Os homens do Debs. [Eugene Debs, o grande socialista norte-americano, esteve envolvido na organização dos trabalhadores durante a greve de Pullman.] Diziam-nos que o Pullman era uma raposa, que ele nos havia tapeado. Mas eu já estava farto daquilo tudo. Tinha confiado no Pullman, um dia; por que haveria de confiar no Debs?

Os socialistas eram tão pouco capazes de dramatizar Pullman como uma raposa quanto este era capaz de se legitimar como pai. Aprender a descrer, *per se*, foi o que o operário tirou da experiência original. Pullman e Debs ficaram igualmente sujeitos a esse processo: "[Eu] tinha confiado no Pullman, um dia; por que haveria de confiar no Debs?" Por que seria verdade o que dizia Debs? Não, a verdade estava na negação. Aí está o confronto pessoal reduzido a seu mínimo denominador comum: a luta pelo autocontrole. A matéria da autoridade, do que deve ser a autoridade, é posta de lado.

O paternalismo foi mais do que uma fase passageira na história do capitalismo. O destino dessa imagem de autoridade no mundo moderno é irônico, em parte. Ela passou para a linguagem do socialismo revolucionário. Da década de 1920 em diante, os líderes da Rússia soviética começaram a se servir dela, e seu uso foi repetido em regimes socialistas mais recentes.

O laço consangüíneo é um emblema clássico do parentesco patriarcal. Nos poemas oficiais russos encomendados no início da década de 1930, ele reapareceu como uma metáfora da solidariedade revolucionária. Um lema típico dos cartazes era: "Todos têm no sangue uma gota do sangue de Lenin." No romance *Os Stozharovs*, de Elena Katerli, publicado em 1948, a imagem consangüínea tornou a ressurgir, dessa vez como metáfora da hierarquia que ligava o povo a Stalin:

> Parece-me (...) que há em cada comunista uma espécie de partícula de Stalin. Em qualquer comunista verdadeiro, é claro. E isso o ajuda a ser seguro e calmo, a saber o que fazer, e a saber ao que levará tudo, se ele agir como ordena o Partido. O comunista [é] um líder em tudo e em toda parte, um mestre de vida para o povo.

Enquanto Lenin era comumente retratado nos cartazes e nos poemas oficiais ao lado de sua mulher, Krupskaya, Stalin era retratado sozinho, muitas vezes segurando o Sol numa das mãos e a Lua na outra, em posição mais baixa — pois a Lua era um antigo símbolo feminino no folclore georgiano. Aliás, o folclore do parentesco mágico foi diretamente transposto para o mundo industrial, como neste poema oficial dos anos 40:

> Onde ele [Stalin] pisava, ficava um vestígio, cada passada uma nova cidade, uma ponte, uma ferrovia (...), sobrados como penhascos; por toda a terra ele semeava coisas mais fortes que o granito.

Poderíamos dizer que essas imagens paternas, com uma pitada de sangue, eram muito naturais em sociedades como a Rússia de Stalin ou a China de Mao. O socialismo não brotou

AUTORIDADE 105

de uma ordem capitalista decadente, mas, quando muito, de uma que estava na primeira infância; as massas populares ainda se achavam presas a costumes semifeudais. Porém o traço mais destacado era a ideologia do próprio socialismo. Na versão de Engels e Marx para uma reforma socialista da sociedade, tudo visava a eliminar as "presenças mágicas", como as chamava Engels, das autoridades que governavam *in loco parentis*. Entretanto, em termos ideológicos, Joseph Stalin foi o verdadeiro herdeiro de George Pullman; em suas próprias palavras, "O Estado é a família e eu sou vosso pai." A autoridade que Bentham e outros pretenderam para as burocracias capitalistas foi expropriada pelo inimigo do capitalismo.

A razão de isso haver ocorrido teve a ver, em parte, com a própria natureza da afirmação revolucionária: uma mudança fundamental havia ocorrido na estrutura da sociedade. Tratava-se de uma afirmação perigosa. Que aconteceria se algo saísse errado depois? Na Rússia de Stalin, era seguro notar a ineficiência ou a falha burocrática, mas era perigoso destacar algo na estrutura da burocracia — isto é, na estrutura do poder estatal — que pudesse ocasionar a ocorrência da falha. Ver uma ligação entre a estrutura e a função implicava o risco de contestar o seguinte princípio primário (enunciado por A. Rumjancev, no jornal moscovita *Kommunist*, durante o "degelo" de 1956):

Os membros dos órgãos governantes da economia, como se sabe, são eleitos para um mandato pela classe trabalhadora. (...) Os órgãos do Estado estão sob o controle da vanguarda dos trabalhadores — o Partido Comunista —, assim como o estão os sindicatos e outras organizações sociais. O processo material do trabalho, por sua própria natureza, procura subordinar a vontade de todos à vontade daquele que foi autorizado pela sociedade socialista e é responsável perante ela. Isso atende aos interesses de todos os trabalhadores. E os trabalhadores sensatos não podem deixar de submeter-se àquilo que representa o interesse geral.

Para evitar o questionamento desse princípio básico, as falhas burocráticas eram imputadas a burocratas individuais. Essa é a chave do lugar da personalidade em todos os regimes totalitários. Uma vez que é perigoso ver ligações entre a estrutura e a função, as personalidades são postas em primeiro plano para explicar os desastres: a deserção de von Ribbentrop foi considerada pelos nazistas leais como o indício da razão por que a Alemanha começou a perder a guerra; a Gangue dos Quatro foi a razão dos recentes problemas do socialismo chinês. Inversamente, a autoridade pessoal é celebrada nos períodos de segurança. Quando a fotografia de um líder aparece em todos os escritórios ou salas escolares, sabe-se quem encarna todos os apelos ao aumento da produção, à reorganização da indústria do cimento e coisas similares. Trata-se de um poder com feições nitidamente humanas. Quando as fotos são retiradas dos escritórios, fábricas e escolas, também se sabe o que houve de errado: foi ele. Ele é que não conseguiu ficar à altura dos ideais revolucionários, mas a revolução permanece intacta.

Na era do alto capitalismo, a imagem paternalista foi uma tentativa de fechar uma lacuna entre o individualismo econômico e o desejo de comunhão. Não é de admirar, portanto, que os regimes revolucionários que expropriaram essa imagem possam declarar oficialmente encerrado o conflito entre o individualismo e a comunidade. No auge da era stalinista, o jornal *Sem'ya i Shkola* (*Família e Escola*) proclamou, em abril de 1948: "O regime socialista liquidou a tragédia da solidão de que padeciam os homens do mundo capitalista." Em 1977, o desastroso Pol Pot, líder do Camboja Livre, declarou sucintamente: "Aqui existe apenas a comunidade." O líder é a solução. Ele encarna a comunidade; cada pessoa, como na imagem da consangüinidade, participa de seu ser.

Além dessa irônica transferência do alto capitalismo para o socialismo burocrático, o paternalismo também persiste em sociedades industriais do Ocidente, não apenas em empresas como a IBM, mas ainda na política. Na América e na Grã-Bretanha, estamos passando a conhecê-lo numa forma sumamente peculiar: a do líder que se ergue acima das cabeças da burocracia, por assim dizer, para estabelecer relações pessoais com o povo. O governo que ele preside torna-se o inimigo comum do presidente e do povo. O líder cuidará do povo pessoalmente, de um modo que a máquina formal do Estado previdenciário não pode fazer. Além disso, ele dará o exemplo moral, servirá de "modelo do papel", no jargão das ciências sociais. Embora possa ser apropriado que um pai sirva de modelo, é curioso que um presidente ou um primeiro-ministro o faça como inimigo confesso do aparelho de Estado. Ou talvez seja uma idéia muito esperta. O líder governa, mas é absolvido de assumir a responsabilidade pelas engrenagens do poder, pela burocracia governamental. É esperta, mas perigosa. A exemplo das burocracias socialistas, quando a política dá errado, o líder é pessoalmente responsabilizado. Como observou certa vez um alto funcionário do governo da Inglaterra, é "mais seguro" ter um primeiro-ministro que seja inimigo da burocracia estabelecida do que um governante que fale através dela; o Sistema pode ser percebido como imprestável pelo povo, mas, quando o governo fracassa, é difícil exigir explicações das eminências pardas.

Qual é, portanto, o vínculo do paternalismo? Que tipo de ligações pessoais ele estabelece? Ele é um vínculo de metáfora — e pretendo indicar com essa palavra de que modo ele é percebido e como é mutuamente sentido.

Os Vínculos da Metáfora

"Pullman é um rei Lear", "O patrão é um pai", "A Igreja Católica é uma mãe", "A nação é o lar", *das Vaterland*, *la patrie*: tudo isso são metáforas, em termos semânticos. Nas duas últimas, a junção de pai e país avançou para seu estado supremo: um único substantivo.

Que é uma metáfora? Os autores clássicos achavam que era a junção de duas palavras ou expressões não habitualmente unidas, e que o propósito dessa junção era puramente estético. Aristóteles achava que as metáforas eram um modo de produzir "deleite" no uso da língua, e Cícero acreditava que elas infundiam "sangue" em seu tema principal. Esses autores clássicos fundaram a tradição de encarar a metáfora como um adorno, na expressão de Max Black, e não como um instrumento do pensar.

Claramente, essa forma de pensamento clássica não é tudo o que se pode dizer. "O governante é um pai" ou *das Vaterland* [a pátria] envolvem processos intelectuais básicos, como a descoberta de uma semelhança ou a criação de uma analogia. Mas o viés clássico persiste em grande parte dos escritos sobre as metáforas e no pensamento do dia-a-dia. Quando declaramos "O que você quer dizer ao enunciar *das Vaterland* é

AUTORIDADE 109

que a nação é como um pai, desta, daquela ou de tal outra maneira", estamos presumindo que a metáfora possa ser diretamente traduzida em termos não metafóricos. Esse modo de pensar nega o significado intrínseco das metáforas, já que elas seriam literalmente traduzíveis em não-metáforas. A metáfora continua a figurar apenas como um adorno de outro significado.

Imagino que os poetas nunca se afeiçoariam muito a essas visões da metáfora. Nos últimos cinqüenta anos, filósofos da ciência e estudiosos dos usos sociais da linguagem também se tornaram cada vez mais céticos em relação a elas. Passaram a acreditar que, quando se cria um modelo mental de um processo físico ou de um fenômeno social, chega um momento em que pensar metaforicamente é a única maneira possível de pensar. Essa idéia remonta a uma célebre afirmação de I. A. Richards: "Quando usamos uma metáfora, temos duas idéias de coisas diferentes que estão ativas ao mesmo tempo e são sustentadas por uma única palavra ou expressão, cujo sentido é a resultante de sua interação." Dito de outra maneira, a metáfora cria um sentido maior do que a soma de suas partes, porque as partes interagem. Os termos de uma metáfora têm um sentido em relação mútua que não têm quando estão separados. É assim que as metáforas podem estabelecer relações sociais: suas partes podem ser classes sociais diferentes ou papéis diferentes na sociedade. O todo cria o sentido especial das partes.

O paternalismo é uma dessas metáforas. Pai e líder, quando unidos, modificam o sentido de cada um desses termos isoladamente. No texto de Jane Addams, vimos a essência dessa alteração recíproca: Pullman-Lear funciona ao isolar um elemento do papel do pai — sua benevolência egoísta — e depois ampliar sua importância para além do que Shakespeare chamou de "a medida natural" da família, e do que o jargão das ciências sociais chama de escala normativa do papel. Uma vez feito isso, de tal modo que o conceito de pai torna-se um ingrediente ativo da metáfora, o conceito de patrão também é transformado. Infunde-se nele um senso de força afetiva, de poder de dominar os afetos de terceiros, que o termo "patrão" jamais conseguiria ter por si só. Na terminologia de Max Black, a ampliação de pai fornece a "moldura" da metáfora em que "patrão" se torna a "palavra focal".

Essa ação lingüística da metáfora tem conseqüências na maneira como as pessoas se sentem e se portam em relação umas às outras. A mais importante dessas conseqüências é que o medo da pessoa que ocupa uma posição de poder pode ser ampliado. O controle formal de mil pessoas alia-se às experiências de controle face a face que cada pessoa sentiu profundamente na família. É assustador pensar numa pessoa que afete muitas outras intimamente. E é o trabalho da metáfora que cria essa junção aterradora.

Do mesmo modo, a metáfora dá um sentido de coerência às contradições da sociedade. No século XIX, "pai" representava um mundo de sólidos valores morais e probidade, enquanto "patrão" representava um empenho amoral e insensível. A ação da metáfora, como observou Paul Ricoeur num livro recente, *La Métaphore vive*, não é preferir um lado ao outro nem tomar partido. Antes, a metáfora confronta entre si significados dissonantes, de modo que cada um é modificado pelo outro. Por isso é que as sociedades submetidas a tensões expressam suas crenças, muitas vezes, de maneiras que parecem absurdas para alguém de fora; a pessoa de fora, ao considerar o sentido da expressão "Pensem em mim como seu pai", percebe a dissonância das partes, mas desconhece o processo semântico que faz delas um todo.

Seria um erro considerar intrinsecamente opressivo o pensamento metafórico. As metáforas servem a usos opressivos. Quando isso acontece, sua estrutura permite que se façam certas coisas — ampliar o poder de uma figura de autoridade, por exemplo, ou juntar experiências dissonantes. Mas apenas certos tipos de metáforas podem ser usados dessa maneira. Se um industrial dissesse "Pensem em mim como sua filha", provavelmente seria mandado para uma clínica; essa metáfora não desperta nossa confiança. As metáforas da dominação são restritas de duas maneiras.

Primeiro, numa metáfora dessa natureza, ambos os termos devem referir-se a uma forma comparável de dominação. "Pai" refere-se a uma forma de controle, assim como "patrão", mas isso não acontece com "filha". A metáfora pode funcionar no sentido inverso: os fracos podem ser chamados de cordeiros. Como quer que seja, a sociedade deve ter normas para conceber o poder em níveis estratificados, e tanto a moldura quanto a palavra focal da metáfora devem estar no mesmo nível. Os dois termos, por mais dissonantes que sejam, passam então a ter uma razão para estar associados.

A segunda restrição é mais infausta. Qualquer ato imaginativo que uma partes dissonantes parece, à primeira vista, tornar a consciência mais complexa. Entretanto, a metáfora pode ser usada para simplificar a realidade. Eis um exemplo do caso clínico examinado no último capítulo: a srta. Bowen contou que, certa vez, depois de ela e o segundo namorado negro terem uma longa discussão sobre todos os componentes de sua relação, o rapaz lhe disse: "Basicamente, eu sou seu brinquedo." Colocar "eu" e "brinquedo" juntos, nessa frase, foi um modo de simplificar radicalmente o que o "eu" significava na relação.

As metáforas da dominação promovem exatamente esse tipo de simplificação. Considerada em si mesma, a vida familiar é muito mais complexa do que o poder benevolente egoísta de um pai. Também o trabalho é muito mais complexo do que os sentimentos pessoais entre um patrão e seus empregados. A metáfora, ao aliar os dois, restringe o sentido de cada um. Eis um exemplo ímpar: certa vez, Hitler chamou os judeus de insetos. A metáfora simplificou o termo "judeu", fazendo-o representar algo pequeno, rastejante e repulsivo; "inseto" também adquiriu um significado restrito: não pensamos em abelhas ou borboletas nessa junção, mas em varejas ou aranhas. O nível comum entre a moldura e a palavra focal, bem como a simplificação do significado de cada termo, são restrições que permitem à metáfora embrutecer a compreensão inteligente que as pessoas têm das condições de poder que regem sua vida. Por boas razões, Platão temia a importação da retórica poética pela política.

Lemos com pesar trechos como o seguinte, extraído dos *Princípios de economia política*, de John Stuart Mill, publicado durante as revoluções de 1848: "Sobre os trabalhadores, pelo menos nos países mais avançados da Europa, pode-se afirmar como certo que o sistema patriarcal (...) de governo é um sistema a que eles não voltarão a se submeter. (...) Doravante, qualquer conselho, exortação ou orientação deverá ser-lhes dado na condição de iguais." A primeira parte da afirmação de Mill descreve um acontecimento importante na história da autoridade no século XIX; a segunda é uma conclusão não justificada pelas premissas.

AUTORIDADE 113

O trabalho da metáfora consistiu em fornecer um resultado diferente. Houve uma tentativa de juntar numa só imagem dois campos que, no mundo moderno, são muito diferentes um do outro, em termos materiais e circunstanciais: a família e o trabalho. A maneira como eles foram unidos transformou o sentido de ambos. A imagem pessoal de autoridade daí resultante foi, a um tempo, poderosa e frágil. O ato de destruir essa metáfora levou à convicção de que a liberdade estava no próprio ato de descrer.

No último capítulo, falei dos laços de ressentimento que podiam unir os rebeldes ou descontentes às autoridades. Não são apenas a covardia, o medo da punição ou o terror que podem criar esses laços, mas algo que desce mais fundo sob a superfície das relações humanas. Enfrentar alguém é conhecê-lo e conhecer o próprio lugar no mundo. O que é temido nos outros pode ser sua potência, uma força da qual não se imagina poder prescindir. Na construção da metáfora paternalista, muitos dos elementos envolvidos na criação desse vínculo aparecem, de um modo ou de outro. A potência do superior é ampliada. Produz-se algo sólido com as dissonâncias da sociedade; elas são agregadas numa unidade e têm, na metáfora, um sentido que as partes não podem ter isoladamente. Além de tudo isso, porém, o paternalismo toca nas fantasias de desaparecimento exploradas no capítulo anterior. Tais fantasias são mecanismos de adiamento: se você desaparecesse, tudo correria bem, mas adie o momento de sua partida, porque ficarei consternado. Sabemos que as pessoas que viveram sob o jugo de autoridades paternalistas demoraram mais a se rebelar contra elas, e demoraram mais no século XIX do que os trabalhadores que se ergueram contra seus patrões em meios mais cosmopolitas. Contudo, o elemento de maior importância aqui é o sentimento de privação, se o levante enfim vier. O comentário do operário de Pullman, "Confiei em Pullman, por que haveria de confiar em Debs?", é a afirmação de um homem deprimido. A negação é verdadeira, mas o que sofre a acusação não é um ato de confiança mal depositada, e sim a confiança em si mesma.

A força dessa metáfora reside, em última instância, na essência do que ela funde. Trata-se de uma fusão do cuidado e do poder, ou, mais exatamente, ainda que isso seja mais embaraçoso, do amor e do poder. Uma das definições de autoridade é, precisamente, a de alguém que usa sua força para cuidar dos outros. Assim, quando observamos a dificuldade com que os submetidos ao poder repelem os que afirmam cuidar deles, ou a depressão que acompanha esse ato de rejeição, estamos observando pessoas que perderam o sentido da existência de algum valor humano no poder.

É claro que os que rejeitaram o paternalismo tiveram razão de fazê-lo: as autoridades paternalistas ofereciam um amor falso a seus subalternos. Falso porque o líder só se importa com esses subalternos na medida em que isso atenda a seus interesses. Ao contrário da figura patrimonialista, ele oferece seus recursos aos outros como uma dádiva. Os termos dessa dádiva ficam inteiramente sob seu controle. Pullman só se dispunha a oferecê-la sob a condição de que seus protegidos fossem agradecidamente passivos. Quando Stalin declarou: "Sou vosso pai", falou numa linguagem que não tem nenhuma semelhança com os diálogos entre um verdadeiro pai e seus filhos; não havia nenhuma tolerância para com a irritação destes nem qualquer disposição de sacrifício pessoal — e, acima de tudo, nenhum incentivo à independência deles. Ou então, para tomarmos um exemplo menos extremado, existe

AUTORIDADE 115

o célebre conselho dado a um novo diretor pelo antigo chefe de um império norte-americano paternalista do ramo editorial: "Mime-os! Como crianças mimadas, eles ficarão resmungando ao seu redor e pularão no instante em que você estalar os dedos." Jane Addams teve que escolher um rei Lear para conseguir uma imagem que se ajustasse a Pullman como pai. Em todos esses casos, poderíamos dizer que os substitutos foram pais ruins, em vez de falsos, mas creio que isso seria brando demais. Nas ideologias paternalistas, há uma promessa de amparo, mas a qualidade essencial desse amparo é negada: a de que os cuidados prestados farão a outra pessoa fortalecer-se.

A crença em que o poder deve ter algo a ver com o amparo tem sido tradicionalmente defendida pela religião na vida social adulta. O monge renascentista Savonarola falava da necessidade de se dar uma consciência ao poder. Creio que poderíamos dizer que a junção do poder com o cuidado "só" é idealista, hoje em dia, porque essa consciência crítica está moribunda. Mas também estamos passando a ver, na sociedade moderna, exatamente como é o poder sem o amparo. O poder também foi transformado numa outra imagem de autoridade, no pólo oposto ao do paternalismo. Em vez do falso interesse, essa nova autoridade não expressa interesse algum pelos outros. Trata-se da autoridade da figura autônoma, que será o tema do próximo capítulo.

3

Autonomia: uma autoridade sem amor

O paternalismo situa-se num dos extremos das imagens de autoridade na sociedade moderna. Trata-se do poder exercido pelo bem de outrem. Nenhuma obrigação hereditária força a pessoa a exercê-lo, tampouco injunções religiosas. Cuidar dos outros é uma dádiva da autoridade, e ela só a confere desde que isso atenda a seus interesses. No extremo oposto encontram-se as imagens de autoridade que não demonstram nenhuma pretensão de cuidar. Essas imagens são mais sutis, porque, à primeira vista, não parecem dizer respeito ao controle que uma pessoa exerce sobre outras. São as imagens da pessoa autônoma.

Nas ciências físicas, autonomia significa auto-suficiência. Na vida social, ninguém é auto-suficiente. Uma definição renascentista da autonomia, muito mais antiga, é a da pessoa dotada de autocontrole. Essa definição aproxima-se mais da descrição do fascínio exercido pela autonomia. O autodomínio é raro e impõe respeito. Mas a pessoa com autocontrole faz mais do que despertar respeito. Quem parece ser senhor de si tem uma força que intimida os outros.

O paternalismo surgiu, no século XIX, como um modo de criar um sentimento de comunhão com os novos materiais do poder: o trabalho separado da casa, o mercado de trabalho aberto e as cidades em expansão. A autonomia foi herdeira da direção inversa do individualismo que esses novos materiais do poder poderiam assumir. Mas a herdeira enriqueceu seu legado. A essência do individualismo oitocentista consistia em ser deixado em paz: se você fosse pobre, como indivíduo, ficaria entregue a seu destino; se fosse rico, ninguém teria o direito de impedi-lo de enriquecer ainda mais. Num mundo em que as diferenças materiais tornaram-se menos flagrantes, em que os serviços e as qualificações são as moedas de troca, a autonomia é mais estável. Uma dada pessoa é mais necessária a outras do que necessita delas. As pessoas precisam mais de algo que ela aprendeu do que de algo que ela possui. Um plutocrata do século XIX podia perder tudo na bolsa de valores num dia e, no dia seguinte, ficar sujeito ao desdém de pessoas que, até poucas horas antes, haviam-lhe demonstrado deferência. Mas um médico ou um burocrata qualificado formou-se e se desenvolveu; o que ele possui é sua própria natureza, e é disso que os outros precisam.

A autonomia assume formas simples e complexas. A forma simples é a posse de qualificações. A sociedade moderna é rotulada, vez por outra, de "sociedade das especializações", em vista de sua valorização da habilidade técnica. Aliás, Daniel Bell afirmou que a perícia técnica e a inovação tornaram-se as formas modernas do capital; a perícia é como o dinheiro do empresário oitocentista, na medida em que quem a tem pode ser independente. A autonomia também assume uma forma mais complexa, passível de ser reconhecida por qualquer indivíduo que tenha trabalhado nos escalões superiores de uma burocracia. A questão, nesse caso, é mais da estrutura de caráter do que da qualificação. Por exemplo, um gerente é passível de promoção não quando executa bem apenas uma tarefa específica, mas quando é capaz de coordenar o trabalho de diversas pessoas, cada qual com suas qualificações especializadas. As burocracias inventaram toda

AUTORIDADE

uma gama de imagens para descrever as qualidades desse tipo de administrador. Ele tem que se relacionar bem com outras pessoas, é claro. Para dirigir seus subordinados, entretanto, em vez de ficar aprisionado em todas as exigências particulares que eles lhe fazem, o gerente tem que possuir um conjunto de atitudes que o mantenham independente, senhor de si e mais propenso a influenciar do que a reagir. Esse feixe de traços de personalidade, divorciado de qualquer qualificação técnica específica, cria a forma complexa da autonomia. Ela é buscada não só nos administradores, mas na avaliação das futuras perspectivas das crianças na escola e na estimativa dos trabalhadores de nível inferior. A estrutura de caráter autônoma significa uma pessoa com capacidade de ser um bom juiz das outras, por não ansiar desesperadamente pela aprovação delas. Assim, o autocontrole aparece como uma força, uma força de calma e frieza nos momentos difíceis, que faz com que pareça natural a quem a possui dizer aos outros o que fazer.

Quando é mais necessária a outras do que necessita delas, a pessoa pode dar-se ao luxo de lhes ser indiferente. Se o burocrata ignora a aflição do cliente da previdência que preenche formulários complicados, ou se o médico trata seus pacientes como corpos, e não como pessoas, esses atos de indiferença sustentam a dominação. Na forma complexa da autonomia, manter a cabeça fria ao ouvir as reivindicações ou questionamentos dos outros é um modo de preservar o controle. Naturalmente, poucas pessoas partem da intenção de ser grosseiras ou insensíveis. Mas a autonomia elimina a necessidade de lidar com os outros de maneira franca e recíproca. Existe um desequilíbrio: os outros expõem mais a carência que têm do sujeito do que este mostra precisar deles. E isso o faz ficar por cima.

Reagindo a essa dominação, as pessoas necessitadas podem passar a perceber as figuras autônomas como autoridades. O medo e a reverência em relação aos especialistas é um sentimento conhecido, em particular no que concerne aos médicos. A percepção de algo que demonstre autoridade numa estrutura de caráter autônoma talvez seja mais perversa. A pessoa indiferente desperta nosso desejo de sermos reconhecidos; queremos vê-la sentir que temos importância suficiente para ser notados. Podemos provocá-la ou acusá-la, mas o que importa é fazê-la reagir. Temerosos de sua indiferença e sem compreender o que a mantém distante, ficamos emocionalmente dependentes. Todo leitor de Proust recebe uma aula extremamente exata sobre esse processo, no que concerne à autoridade amorosa. A indiferença eleva o amado, escreve Proust; a simples distância dele o transforma num ideal inatingível. Assim, o narrador torna-se "escravo" de Albertine. Se a súplica é notada e o olhar é retribuído, o encanto se desfaz. Proust pensa na quebra da autonomia do outro como algo semelhante ao recuperar-se de uma "doença da submissão".

Através das pesquisas sobre o prestígio profissional e os traços de personalidade desejáveis, é possível definir com bastante precisão quem é percebido como autônomo. As atividades de maior prestígio nos Estados Unidos, na Grã-Bretanha e na Itália — países em que esse fenômeno tem sido mais intensamente estudado — são ocupações como a medicina, o direito ou a pesquisa científica. Os sujeitos pesquisados atribuem um *status* elevado a essas profissões, porque as pessoas que fazem parte delas são percebidas como aptas a trabalhar apenas de acordo com seu próprio entendimento e seus interesses. Os diretores de empresas ficam num ponto mais baixo da escala, por serem vistos como dependendo de outras pessoas. Muitas profissões artesanais

AUTORIDADE

altamente qualificadas, como a de marceneiro, recebem um *status* superior ao de carreiras de colarinhos-brancos, em que o sujeito pode trabalhar de gravata e ter uma secretária, mas é, essencialmente, um parafuso numa engrenagem burocrática. Um estudo dos "traços de personalidade desejáveis", realizado com estudantes universitários norte-americanos, relacionou dois deles em primeiro lugar: a franqueza e a autoconfiança; depois, em ordem decrescente, a perseverança, a segurança em um objetivo e a assertividade. A confiança e a lealdade ficaram quase no fim da lista. Uma pesquisa mais ou menos semelhante, feita na Inglaterra, mostrou a franqueza e a autodeterminação na dianteira, a confiança em posição bem elevada e, na rabeira, a disposição de compartilhar.

Os principais candidatos nessas listas de traços de personalidade desejáveis ficam obviamente em conflito. E o conflito existe porque essa imagem de autoridade desperta uma reação ambivalente. As pessoas autônomas podem ser fortes, mas também destrutivas. Por exemplo, é constante termos uma reação adversa às figuras autônomas nas burocracias, mas sem perceber que a temos. Sentimos a indiferença das pessoas em posições de poder burocrático em termos de outra coisa: a impessoalidade. Max Weber expressou essa reação da seguinte maneira:

> Sua natureza específica (...) desenvolve-se tão mais perfeitamente quanto mais "desumanizada" é a burocracia, quanto mais completamente ela consegue eliminar dos assuntos oficiais o amor, o ódio e todos os elementos puramente pessoais, irracionais e afetivos que escapam ao calculismo.

Aqui falta uma pessoa: o indivíduo que reage a essa frieza. Essa pessoa também faz parte da burocracia, reagindo à indiferença no rosto dos que estão no comando. Em geral, as explicações da impessoalidade desconsideram o caráter e o comportamento dos poderosos, falando, em vez disso, numa outra causa: o tamanho. O governo é grande demais, ou os hospitais são espaçosos demais para serem humanos. Essa é, em si mesma, uma explicação curiosamente impessoal: se o tamanho das coisas fosse menor, a qualidade das relações humanas melhoraria.

Toda a história do paternalismo oitocentista oferece uma lição após outra sobre como criar um ambiente íntimo e pessoal opressivo, no qual os poderosos permanecem indiferentes aos desejos daqueles por quem são responsáveis. Pullman, conhecido pessoalmente por seus empregados, era indiferente ao desejo que eles manifestavam de comprar suas próprias casas. A natureza das relações de poder, a maneira como são percebidas e organizadas, é o que determina um fenômeno complexo como a indiferença. A idéia puramente quantitativa, que sugere que o tamanho das instituições leva a sua impessoalidade, a qual, por sua vez, leva à prática da indiferença, é simplista demais. Quando usamos a palavra "impessoalidade" para explicar a experiência de sermos ignorados, estamos tentando dizer, de maneira precária, o que é a autonomia para as outras pessoas.

Neste capítulo quero examinar quatro facetas da autoridade autônoma. Primeiro, sua relação com a disciplina, tanto a disciplina que a pessoa autônoma impõe a si mesma quanto a que impõe aos outros. Segundo, o vínculo que se pode construir entre uma pessoa autônoma e um subordinado que, no entanto, reage negativamente a essa disciplina. Terceiro, o modo como os controles exercidos pelas autoridades autônomas sobre os outros estão se tornando mais velados e protegidos nas modernas ideologias burocráticas. Por último, quero examinar a crença na autonomia como uma forma de liberdade.

Disciplina

Temos uma boa idéia do que Stalin tinha em mente ao declarar: "Sou vosso pai." Ele pretendia forçar os outros a fazerem o que mandasse, e afirmava seu direito a isso por ser o pai coletivo. Após algum tempo, as pessoas se habituam a obedecer; o hábito da obediência é a disciplina. A questão fica menos clara no caso do presidente de uma indústria inglesa que fez o seguinte discurso aos seus operários não qualificados:

> Cada um de nós tem seu lugar na companhia. Faço meu trabalho da melhor maneira que posso, e espero que cada um de vocês faça o seu segundo o melhor de sua habilidade. Se todos nos dedicarmos com afinco, creio que poderemos trabalhar juntos de maneira proveitosa e consonante. Confesso que não entendo as minúcias do que a maioria de vocês faz, assim como vocês não entendem as complexidades do processo decisório que eu tenho de enfrentar. Devemos respeitar nossa distância mútua.

O empregador se abstém de falar de sua capacidade de obrigar as outras pessoas a fazerem o que manda; em vez disso, declara que não saberia dizer-lhes o que fazer. O máximo que se aproxima de uma ameaça está na frase que começa por "Se todos nos dedicarmos com afinco...". Mas isso é pouco. Ele está pregando a autodisciplina voluntária pelo bem da empresa: a disciplina sem a força.

Entretanto, há uma mensagem coercitiva oculta. Ela diz respeito à probabilidade de ele ou os operários se autodisciplinarem. Trabalhar com afinco numa coisa intricada é produto da educação, da instrução e do desenvolvimento do caráter. Quanto mais alto se está na escala social, maior acesso se tem à educação e à formação. Portanto, tem-se mais probabilidade de obter as qualificações necessárias para exercer o comando. Em termos da autonomia simples, o "capital" das qualificações é maior. Que significa controlar esse recurso?

Na era do alto capitalismo, a autodisciplina tinha um sentido claro. Há um retrato famoso da esposa do milionário norte-americano Jay Gould, usando uma gargantilha de pérolas de meio milhão de dólares. A sra. Gould comentou com o fotógrafo que só a usava diante de estranhos e que tinha "medo" do colar. É claro que não tinha medo de gastar dinheiro. Em todos os escalões da burguesia, as pessoas da época estavam comprando freneticamente e exibindo em público o que haviam adquirido. Tinham que exibir o que possuíam, para que as outras pessoas soubessem onde elas se situavam na sociedade; os bens eram marcadores sociais. Mas o medo era que, se desfrutasse de suas posses, a pessoa poderia ser consumida pelo prazer, como dizia a frase vitoriana. A alusão sexual era oportuna: tenha, mas não goze. Quem se exibisse com um objeto tenderia a ser destruído pelo prazer e a desperdiçar seus recursos. A tarefa disciplinar do indivíduo, portanto, era trabalhar duro para possuir, orgulhar-se da posse, mas não sucumbir à sensualidade material.

A disciplina da pessoa autônoma de hoje é bem diferente. A autonomia provém da expressão de si mesmo, e não da abnegação. Quanto mais o sujeito expressa tudo de si, tanto seus prazeres quanto suas habilidades, mais bem formado ele é. Para nós, a disciplina significa organizar e orquestrar essa panóplia de recursos internos, a fim de que ela tenha *coesão*. Nossa tarefa não é reprimir parte da psique, mas dar forma ao todo. Por isso é que nos dispomos a submeter cada vez mais as atividades de nossa vida ao treinamento formal. Compramos manuais sobre

AUTORIDADE   125

sexo, treinamento da assertividade ou "administração do
lazer", não por sermos consumidos pela luxúria, pela ira ou
pela frivolidade, como pensariam os vitorianos, mas por querermos desenvolver nossas aptidões. Socialmente, essa formação e treinamento da totalidade do eu tem um objetivo: eles
fazem do sujeito uma pessoa que os outros notam.

E é aí que começa a sutileza do discurso do presidente da
empresa. Em sua fala, ele tece o que parece ser um comentário lisonjeiro sobre como não entenderia os labirintos do que
faz a maioria de seus operários não qualificados. A perícia deles
desperta seu respeito; ele lhes reconhece a autonomia.

Qual seria a probabilidade de os operários acreditarem
nisso? Creio que sua platéia aceitaria a conclusão de que a
autonomia e o reconhecimento mútuo caminham de mãos
dadas. Mas duvidaria ter-se desenvolvido de um modo que
merecesse consideração. Em entrevistas que Jonathan Cobb
e eu fizemos para o livro *The Hidden Injuries of Class* [*Os
malefícios ocultos da classe*], constatamos que os operários norte-
americanos alimentavam essas dúvidas com grande intensida-
de. Atribuíam o fato de se dedicarem a um trabalho rotineiro
ou manual a sua incapacidade de "ser alguém", de "se organi-
zarem". Eles acreditavam não haver conseguido moldar-se ou
se disciplinar no sentido moderno; o resultado é que eram
"joões-ninguém", ou "apenas parte dos móveis e utensílios".
As famílias que entrevistamos tentavam compensar seu sentimento de fracasso mediante o controle rígido dos filhos —
o que se aplicava particularmente ao pai operário. Os filhos
não tinham alternativa senão se tornarem melhores do que os
pais. Um romance extraordinário do operário inglês Robert
Tressell, *The Ragged-Trousered Philanthropists* [*Os filantropos de
calças esfarrapadas*], expõe uma cisão similar entre o ideal e o

próprio sujeito. Os trabalhadores que ele observa temem desafiar os patrões, por se considerarem cacos de seres humanos sem inteireza suficiente para serem fortes. Assim, julgam merecer o que quer que consigam. Essa visão foi compartilhada pelo funcionário do Sindicato Norte-americano dos Caminhoneiros que tentou explicar a corrupção de sua entidade, perante uma comissão do Senado, dizendo representar uma gente simplória, que não entenderia nem esperaria nada melhor:

> Acontece que estamos numa área que é, maciça e predominantemente, sem qualificações (...) não é preciso ter muito talento, necessariamente, para dirigir um caminhão (...) quase todos nós aprendemos na vida a dirigir automóveis.

O normal não é digno de nota. E o que não é digno de nota é indistinguível do resto. Nenhuma distinção, nada de singular, nenhuma forma.

Parece curioso que o desenvolvimento de um eu coeso deva estigmatizar outras pessoas, mas é precisamente essa a implicação social da autonomia. O presidente da firma disse respeitar seus empregados por sua autonomia. Pois então invertamos o argumento: se eles não forem autônomos, se como adultos sensíveis tiverem essa impressão, e se ele achar que de fato seus operários não se distinguem muito, não lhes prestará grande atenção. A indiferença que estigmatiza os que são percebidos como desprovidos de autonomia também se expressa em afirmações de profunda desconsideração, como as feitas pelo funcionário sindical citado há pouco. Uma pessoa bem formada e segura pode cuidar de si, é independente e se destaca da multidão; todas essas imagens expressam-se

AUTORIDADE 127

na gíria norte-americana que diz que tais pessoas têm "classe". Elas são fachos de luz. As imagens dos que estão inseridos na massa, em contraste, são de pessoas cujos atributos são tão pouco dignos de nota, tão subdesenvolvidos, que não despertam o menor interesse. Elas vivem na sombra.

Os levantamentos sobre o prestígio profissional nos Estados Unidos, na Itália e na Grã-Bretanha, anteriormente mencionados, mostram que esse uso da "classe" na linguagem popular não é acidental. Em termos de ocupação, relativamente poucas pessoas são percebidas como sendo realmente autônomas. Assim, há uma ligação interessante entre a autonomia e outras maneiras desviantes de sobressair na multidão. Em *Vigiar e punir*, Michel Foucault escreveu:

> Num sistema disciplinar, a criança é mais individualizada do que o adulto, o doente mais do que o homem sadio, o louco e o delinqüente mais do que o normal e o não-delinqüente. Em cada um desses casos, é para o primeiro membro do par que se voltam todos os mecanismos individualizantes da nossa civilização; e, quando se quer individualizar o adulto sadio, normal e cumpridor da lei, é sempre indagando quanto de criança existe nele, que loucura secreta o habita, que crime fundamental ele sonhou cometer.

O conceito foucaultiano de individualismo é o de alguém que se distingue por ter um defeito que não é "normal". A autonomia tem a ver com alguém que desenvolveu um talento, uma personalidade ou um estilo que também não é normal — mas, nesse caso, a palavra mais conveniente seria "incomum". É que "comum" implica um estado que é informe, indigno de nota, insípido — numa palavra, uma condição de vida amorfa.

A pessoa que disciplinou seus recursos, que tem autocontrole, portanto, é uma figura autônoma capaz de disciplinar os outros, fazendo com que eles se sintam envergonhados. A indiferença pelas pessoas comuns tem um efeito humilhante, é claro: leva-as a sentir que não têm importância. O industrial inglês disse isso sucintamente em outro trecho de seu discurso:

> Não podemos perder tempo, nesta companhia, atendendo aos caprichos de todo o mundo. Se não estivéssemos tão pressionados por nossos concorrentes, eu faria um esforço, um grande esforço para fazer daqui um lugar em que cada um tivesse a tarefa para ele mais adequada. Mas sofro uma enorme pressão, simplesmente para nos manter em funcionamento, de modo que, se vocês quiserem um tratamento especial no que diz respeito às tarefas, às horas extras e coisas similares, precisarão avançar por suas próprias realizações. Caso contrário, terão que aceitar as coisas da maneira como são decididas pela diretoria.

Mas, como é que levar outras pessoas a se envergonharem confere a alguém o controle sistemático sobre elas implícito no termo "disciplina"? Para compreender isso, é necessário entender como foi que a vergonha tornou-se mais forte à medida que a violência declinou nas sociedades ocidentais como instrumento disciplinar do cotidiano.

Às vezes me pergunto como seria, para uma pessoa moderna, ver-se regressivamente transportada para a vida de uma família setecentista cheia de criados, ou para uma fábrica do início do século XIX: o choque de ver a dominação expressa pelos poderosos em termos de agressões corporais contra os criados ou os trabalhadores seria acabrunhante. Os servos das

AUTORIDADE 129

famílias do antigo regime eram rotineiramente esbofeteados ou chutados, tanto as mulheres quanto os homens; numa fábrica do século XIX, o contramestre não via nada de errado em fazer a mesma coisa com um operário cujo trabalho fosse malfeito, e o operário, tal como o servo antes dele, também não via nenhum problema nisso. Era o esperável.

No decorrer do século XIX, a possibilidade de os poderosos infligirem castigos físicos sofreu uma certa mudança em seus termos. Ferir a pele — ou seja, invadir o corpo de outra pessoa — passou a ser visto, pouco a pouco, como incivilizado. O chicote, utensílio doméstico comum no antigo regime para disciplinar servos e crianças, foi substituído pela palmatória ou *palmato* (uma tábua cheia de furos, usada em toda a Europa meridional e no sul dos Estados Unidos), que servia para bater na palma das mãos das crianças; a violência infligida por adultos a outros adultos passava pelas botas ou pelo uso das mãos. Nos primeiros protestos ingleses contra as bengaladas, no século XIX, os reformistas consideraram que essa prática escolar era bárbara, não tanto por provocar muita dor, mas por ser perigosa: os ferimentos da criança que recebia as bengaladas podiam infeccionar facilmente. No entanto, a associação do poder com a capacidade de violar fisicamente outra pessoa continuou intensa. Nas ruas de Nova York ou Paris, cem anos atrás, um rico numa charrete não chegava a pensar duas vezes antes de espirrar água suja e lama da rua num transeunte. Esse foi um dos sentidos originais da expressão norte-americana "ser tratado como lama": o indivíduo pobre demais não podia ter uma charrete e se via obrigado a andar.

Em *O processo civilizador*, Norbert Elias foi o primeiro a afirmar que a vergonha tornou-se um fenômeno cada vez mais importante na sociedade moderna, à medida que houve um desgaste da violência física. Ele assinalou, por exemplo, que os vitorianos tinham vergonha de se expor; as mulheres deformavam o corpo com espartilhos e barbatanas, enquanto os homens neutralizavam sua aparência no ubíquo terno de casimira preta que cobria pernas, braços e tronco com sacos de tecido indefinível. Elias comparou essa vergonha do próprio corpo com a exposição do corpo de outra pessoa para infligir castigos; também isso tornou-se incômodo. Embora ainda se pudesse ficar à vontade para desnudar as nádegas de uma criança prestes a levar uma sova, só se infligiam castigos aos adultos na parte exposta do corpo, como se, embora eles estivessem sob o poder do superior, este ficasse embaraçado ao ver o que havia por baixo. Mas, sob certos aspectos, essa explicação não satisfaz. Ela desconhece as mudanças políticas e ideológicas iniciadas por *Dos delitos e das penas*, de Beccaria,* no século XVIII, que procurou expressar a dignidade do homem em termos da santidade de seu corpo. No entanto, a teoria de Elias também assinala um fato muito importante. O declínio da violação física no século XIX não foi um sinal de diminuição da coerção. Foi um sinal do aparecimento de novos controles, como a vergonha, controles menos palpáveis do que a dor física, mas idênticos em seu efeito de subjugação.

A autoridade é uma experiência que se fundamenta, em parte, no medo de uma pessoa mais poderosa, e a inflição de dor é uma base concreta desse poder. A força pode ser definida em outros termos materiais que não a dor física, é

---

*Cesare Bonesana, marquês de Beccaria (1738-1794), jurista e economista italiano. O tratado *Dos delitos e das penas*, de 1764, renovou o direito penal, colocando-se contra a tortura, os processos secretos, a desigualdade dos castigos conforme as pessoas e a atrocidade dos suplícios. (*N. da T.*)

claro. Se você não me obedecer, eu o(a) despedirei. Mas essa resposta puramente material também vem perdendo realidade na sociedade moderna. Você não poderá demitir-me se eu entrar em greve, quer espontaneamente, quer através de meu sindicato; as leis da maioria dos países do Ocidente protegem meu direito de desobedecer dessa maneira. Assim, o que acontece com a autoridade quando o castigo que a sociedade permite é restrito — quando não se permitem o chicote, a fome ou a perda do emprego?

A vergonha tomou o lugar da violência como forma *rotineira* de punição nas sociedades ocidentais. A razão é simples e perversa. A vergonha que uma pessoa autônoma é capaz de despertar nos subalternos é um controle implícito. Em vez de o empregador dizer, explicitamente: "Você é um lixo", ou "Veja como sou melhor do que você", ele só precisa realizar seu trabalho — exercer sua perícia ou exibir calma e indiferença. Seus poderes estão fixados em sua posição, são atributos estáticos, qualidades do que ele é. O que estabelece sua dominação não são propriamente os momentos repentinos de humilhação, mas mês após mês de desconsideração dos empregados, de não os levar a sério. O que ele sente pelos empregados e o que estes sentem sobre ele nunca precisa ser explicitado. A trituração do sentimento de valor pessoal dos empregados não faz parte de seu discurso com eles; é o desgaste silencioso do sentimento de valorização pessoal que acaba por derrotá-los. É assim, e não pelos maus-tratos flagrantes, que ele os dobra a sua vontade. Quando a vergonha é silenciosa e implícita, ela se torna um instrumento evidente para pôr as pessoas nos eixos.

Nas sociedades totalitárias, o medo da violência faz com que a indiferença das pessoas em posição de autoridade seja ardorosamente desejada. Tenho uma colega, que é tchecoslovaca, ela contou a seu respeito a seguinte história, que merece uma citação extensa:

> Policiais foram ao escritório à procura de literatura dissidente, e ela lhes mostrou tudo o que havia em sua mesa, tudo o que havia em sua bolsa. Mas não foi irônica na presença deles. Só mais tarde, ao descrever a batida a uma amiga, num barzinho, foi que ela se permitiu dizer que tinha sido honrada com uma visita da polícia de segurança do Estado, mas, infelizmente, não pudera auxiliá-los no cumprimento de seus deveres. Ela não era dissidente. Mal se lembrava dos anos anteriores à ascensão deles ao poder, mas seus pais se lembravam muito bem: o mercado negro para tudo, à exceção dos alimentos mais simples, e os móveis que tinham de ser queimados como lenha para aquecer os piores dias do inverno. Ainda menina, mas já um pouco mais crescida, vivera de cartões de racionamento, mas estes eram respeitados. A certa altura, no entanto, se havia conscientizado de dois fatos. O primeiro e mais simples era que os dissidentes tinham desaparecido. Ela vivia num Estado moderno; afinal, os dissidentes raramente chegavam ao conhecimento público; de repente, eles simplesmente deixavam de existir, como as figuras que nos são muito reais em sonho e desaparecem ao raiar do dia. O outro fato era que os verdadeiros fiéis ao regime, os que buscavam dele uma aprovação especial, também corriam grande perigo. Ela se lembrava de um rapaz, na escola de secretariado, que exortava todo o mundo a abrir mão de seus cartões de racionamento de carne durante uma semana por mês, para que fosse possível mandar alimentos para os revolucionários em Angola. Também ele deixara de existir. Aos poucos, ela foi juntando esses fatos.

Passar despercebido é sobreviver. Usar a própria normalidade como máscara, ansiar pela indiferença das autoridades: isso

AUTORIDADE

leva à prática de uma autodisciplina muito mais rígida do que qualquer coisa que os vitorianos pudessem imaginar. O mais pungente exemplo que conheço de autodisciplina totalitária foi algo que um exilado soviético disse, certa vez, a um pesquisador da Columbia University, a respeito de se obrigar a fumar cachimbo:

> Quando se fuma cachimbo, o rosto não revela muita coisa. Veja, aprendi isso durante o período soviético. Antes das revoluções, nós costumávamos dizer: "Os olhos são o espelho da alma." Mas os olhos sabem mentir — e como! Com eles se pode expressar uma atenção dedicada que, na verdade, não se está sentindo. Pode-se expressar serenidade ou surpresa. Muito mais difícil é controlar a expressão da boca. Muitas vezes, eu olhava meu rosto no espelho antes de ir a reuniões e manifestações, e via (...). De repente, percebi que, até com a simples lembrança de uma decepção, meus lábios se cerravam. É por isso que, fumando um pesado cachimbo, fica-se mais seguro de si. Devido ao peso do cachimbo, os lábios se deformam e não conseguem reagir espontaneamente.

Tudo isso é diferente para nós: a definição da força, o castigo, a disciplina. Nossa primeira idéia, ao nos mudarmos para uma nova comunidade, não é "como posso disfarçar-me?" Tampouco precisamos testar discretamente os sinais de preferências, sentimentos e percepções individuais, para que, passados alguns meses, possamos sentir-nos aptos a confiar uns nos outros e a retirar o véu da neutralidade. Toda essa maneira de sobreviver tem menos peso em nossa vida do que algo que nossa própria liberdade possibilita, e que ela transforma num problema. A pressão que se exerce sobre nós é a de nos desvincularmos de uma situação que parece vergonhosa — a situação de não sermos notados. Imagino que o desejo de tratamento especial, visto pela perspectiva desse russo, fosse um ato de completa loucura. Do nosso ponto de vista, entretanto, não é loucura, mas uma tentativa de conseguir algo que é escasso na sociedade capitalista avançada: o sentimento de ser respeitado e reconhecido pelos outros por exercer as tarefas prosaicas da vida, e por ser apenas uma pessoa comum. A afirmação pessoal tem para nós um peso moral, e ser percebido tem sentido em termos da hierarquia social. É nossa tentativa de romper o vínculo disciplinar, um vínculo em que nossa inferioridade faz com que não sejamos dignos de nota.

Agora, quero mostrar como, apesar disso, a prática da autonomia complexa pode criar um vínculo entre o superior e o subalterno. Trata-se de um vínculo em que o subalterno experimenta um sentimento de pavor diante das posturas de autonomia exibidas por seu superior — experimenta aquela mescla de medo e reverência que é o ingrediente mais essencial da autoridade. No material específico do caso que usarei, surge um momento de ruptura com o padrão disciplinar. O subalterno reage explosivamente contra seu superior, mas, ao fazê-lo, torna-se cada vez mais dependente. O caso faz lembrar o padrão de dependência desobediente da srta. Bowen. Também expõe concretamente os pressupostos das modernas ideologias burocráticas sobre como as figuras autônomas de autoridade devem manipular os outros para restabelecer o controle disciplinar.

AUTORIDADE   135

O Vínculo Criado pela Autonomia

O seguinte relato de caso foi publicado na *Harvard Business Review* de junho de 1965. Nos círculos administrativos, é citado com freqüência como modelo de como um empregador deve lidar com um empregado insistente em suas exigências.

O dr. Richard Dodds, pesquisador da área de física, entrou no escritório de seu superior, o dr. Blackman, e lhe mostrou uma carta. A carta era de outra instituição de pesquisa, oferecendo um cargo a Dodds. Blackman a leu.

Dodds: — Que acha disso?

Blackman: — Eu sabia que essa carta ia chegar. Ele me perguntou se haveria algum problema em mandá-la. Eu lhe disse para ir em frente, se quisesse.

Dodds: — Eu não a esperava, particularmente depois do que você me disse da última vez [pausa]. Na verdade, estou muito satisfeito aqui. Não quero que você imagine que estou pensando em sair. Mas me pareceu que deveria atender ao chamado — acho que ele está esperando por isso —, e queria que você soubesse que o fato de eu ir à entrevista não significa que esteja pensando em sair daqui, a não ser, é claro, que ele me ofereça alguma coisa extraordinária.

Blackman: — Por que você está me dizendo tudo isso?

Dodds: — Porque não queria que você soubesse por terceiros e supusesse que eu pensava em sair daqui, pelo fato de visitar outra instituição. Na verdade, não tenho intenção de sair, sabe, a menos que me ofereçam algo realmente extraordinário, que eu não possa me dar ao luxo de recusar. Acho que vou dizer isso a ele: que estou disposto a dar uma olhada em seu laboratório, mas, a menos que haja alguma vantagem inusitada para mim, não pretendo mudar de emprego.

Blackman: — A decisão é sua.

Dodds: — O que você acha?

Blackman: — Bem, como? Sobre o quê? Você é que deve resolver.

Dodds: — Não estou levando essa oferta de emprego muito a sério. Não estão me oferecendo nada de realmente especial. Mas estou interessado no que ele tem a dizer, e gostaria de dar uma espiada em seu laboratório.

Blackman: — Mais cedo ou mais tarde, você terá que decidir onde quer trabalhar.

Dodds [em tom brusco]: — Isso depende das ofertas, não é?

Blackman: — Na verdade, não; um profissional competente sempre recebe ofertas. Você recebe uma boa oferta e muda de emprego, e, mal se mudou, recebe outras boas ofertas. Examinar todas as que recebesse iria deixá-lo confuso. Será que não existe o fator da estabilidade que você deseja?

Dodds: — Mas eu não vivo procurando emprego. Já lhe disse isso. Ele me mandou esta carta, não fui eu que pedi. Eu só disse que devia visitá-lo, e você considera isso correr atrás das ofertas.

Blackman: — Bem, você pode optar por abandonar o compromisso que tem aqui, se ele lhe oferecer uma coisa melhor. Só estou dizendo que, mesmo assim, restará a questão de que você precisa ficar em algum lugar — e onde será isso?

A discussão prosseguiu, abordando o tema da impressão que seria causada se Dodds mudasse de emprego nessa ocasião, e ele finalmente disse:

Dodds: — Ouça, eu vim aqui querendo ser franco com você, mas agora está tentando fazer com que eu me sinta culpado, e não gosto disso.

Blackman: — Você está sendo tão franco quanto se pode ser.

AUTORIDADE

Dodds: — Não vim aqui para brigar. Não quero incomodá-lo.

Blackman: — Não está me incomodando. Se você acha melhor ir para outro lugar, por mim, tudo bem.

Mais uma vez, há um longo diálogo sobre o que Dodds realmente quer e sobre o que pensariam os outros de sua saída. Por fim, Dodds explode:

Dodds: — Não consigo me fazer entender. Vim aqui para usar de franqueza e você faz com que eu me sinta culpado. Tudo o que eu queria era lhe mostrar a carta e informá-lo sobre o que iria fazer. Que é que eu deveria ter-lhe dito?

Blackman: — Que você leu a carta e achou que, nessas circunstâncias, era preciso fazer uma visita ao professor, mas que estava satisfeito aqui e gostaria de continuar, pelo menos até concluir um trabalho.

Dodds: — Não consigo me fazer entender. Você parece achar que não há nenhum lugar no mundo onde eu prefira estar além deste laboratório (...).

O objetivo da discussão parece simples. Um homem comunica a seu chefe que lhe foi oferecida a possibilidade de outro emprego. Num canto da mente, é bem provável que espere ouvir do chefe que, seja qual for a oferta recebida de fora, a empresa atual a cobrirá. À medida que prossegue a discussão, no entanto, o chefe reage de um modo que faz o homem sentir-se desleal e culpado até pela simples idéia de sair. No fim da entrevista, o dr. Dodds não tem nenhuma condição emocional de tomar uma decisão prática sobre sua carreira.

Há um aspecto em que esse empregador faz lembrar George Pullman. Quando o dr. Dodds menciona a carta pela primeira vez, Blackman responde: "Eu sabia que essa carta ia chegar. Ele me perguntou se haveria algum problema em mandá-la. Eu lhe disse para ir em frente, se quisesse." Na verdade, Blackman havia aprovado a oferta de fora; era por sua causa que o empregado estava tendo essa sorte.

O superior controla a realidade. Tanto a psicológica quanto a material. Em meio à discussão, Dodds diz que Blackman o está fazendo sentir-se culpado, ao que este responde: "Você está sendo tão franco quanto se pode ser." Quando uma pessoa diz sentir-se culpada e a outra responde que ela está sendo tão franca quanto possível, elas estão falando em dois planos afetivos diferentes. O primeiro, o do subalterno, refere-se às emoções que uma dada discussão desperta nele; o segundo, o do superior, é um julgamento de todo o caráter moral do subordinado. Esse julgamento, à primeira vista, parece um elogio. Mas a aprovação de alguém que enxerga além do momento, fazendo um julgamento completo de outra pessoa, tem um efeito intimidante e subjugador. Esse efeito aparece diretamente nas frases seguintes do subalterno: "Não vim aqui para brigar. Não quero incomodá-lo."

Pullman controlava a realidade completa de seus empregados — a moradia, o fumo, a vida social e os empregos; achava-se capaz de controlar melhor essas experiências do que os próprios empregados. No diálogo entre Dodds e Blackman, o patrão também deixa transparecer que enxerga e controla uma realidade a que o subalterno não tem acesso: literalmente, por ter autorizado a oferta de emprego, e psicologicamente, ao reagir a sentimentos específicos do subordinado enunciando juízos sobre o seu caráter.

Há uma distância enorme, porém, entre o patrão paternalista no estilo antigo e esse empregador. Tudo o que Pullman

AUTORIDADE

fazia chamava a atenção para si; todos os empregados da cidade tinham que saber quem era, pessoalmente, a causa do seu bem-estar. Na entrevista entre Dodds e Blackman, o empregador não chama a atenção para si. Durante todo o tempo, faz o auxiliar concentrar-se em suas próprias reações, aspirações e sentimentos. Evita lidar cara a cara com seu subordinado, através de uma técnica que chamarei de inversão das respostas.

As respostas invertidas começam praticamente assim que se inicia a discussão. Dodds diz estar satisfeito em seu emprego atual, mas sairia dele por uma oferta extraordinária. Blackman, em vez de reagir de maneira direta, dizendo, por exemplo: "É claro", ou "Não vá", ou "O que você quer dizer com 'extraordinária'?", responde: "Por que você está me dizendo tudo isso?" E assim devolve todo o ônus da conversa ao empregado, para que ele se justifique. Dodds reage tentando fazê-lo. Diz ele: "Porque não queria que você soubesse por terceiros e supusesse que eu pensava em sair daqui, pelo fato de visitar outra instituição." Nesse momento, os dois estão falando nos termos do superior. Este controla a situação ao se esquivar de uma resposta direta, isto é, ao não dizer que pode fazer ou fará a Dodds uma contraproposta. Em vez disso, os dois discutem a lealdade do empregado.

A inversão das respostas aparece toda vez que o superior é solicitado ou questionado. Quando Dodds reitera sua afirmação de que só sairá da empresa se lhe oferecerem um emprego melhor, Blackman retruca: "A decisão é sua"; mais tarde, quando Dodds diz, pateticamente, "Não quero incomodá-lo", o empregador lhe dá o cúmulo da resposta neutra e impessoal: "Não está me incomodando. Se você acha melhor ir para outro lugar, por mim, tudo bem."

Poderíamos ficar tentados a dizer que esse é o exemplo perfeito da impessoalidade burocrática — só que o subordinado sente profundamente essa inversão das respostas. Quanto mais Dodds entra na discussão, mais fica pessoalmente transtornado com esse conselheiro que sempre remete a questão de volta a sua própria escolha e a seus sentimentos, e que nunca se declara realmente envolvido. Como o chefe não dá nada de si, é o próprio empregado que conduz seu teste de lealdade — ajudado pelas frases do superior.

A inversão das respostas tem seu impacto afetivo mais forte no próprio conceito de discurso. Ela tende a desacreditar as afirmações do outro em sua significação intrínseca. Quando um patrão indaga, a propósito das perspectivas profissionais de um empregado, "Por que você está me dizendo tudo isso?" — a despeito das razões óbvias —, o que se diz ao empregado é que suas intenções não estão sendo reveladas pelo que ele afirma diretamente: o verdadeiro significado deve estar em alguma coisa oculta. Toda a fala de Blackman é conduzida dessa maneira. O empregador ajuda o empregado a discernir algo que ele não compreende sobre si mesmo. Ao se recusar a reconhecer que o discurso do subalterno tem um sentido intrínseco, Blackman consegue acabar fazendo Dodds concentrar-se em seus sentimentos, desvinculados de sua situação profissional: eles se tornam intensamente perturbadores, porém permanecem obscuros. Como resultado, Dodds sente-se cada vez mais descontrolado; não pressiona o chefe para fazer uma contraproposta; pede apenas que lhe diga como deveria ter agido, ao anunciar que recebeu uma carta da qual o patrão já tinha conhecimento.

A inversão das respostas, tal como feita por esse empregador, atende a vários propósitos. Antes de mais nada, instau-

AUTORIDADE   141

ra-se uma luta pelo reconhecimento. O empregado quer que o patrão reaja a seu problema à altura, pois ele pode mudar de emprego, mas o chefe não responde dizendo que, na verdade, seu trabalho no emprego atual é melhor do que a nova perspectiva, nem fazendo uma contraproposta. Em vez disso, estabelece sua dominação pela prática da indiferença: "Se você acha melhor ir para outro lugar, por mim, tudo bem." É uma declaração curiosa para um homem que, minutos antes, disse a esse mesmo empregado que ele é muito talentoso e deverá receber bastante ofertas no futuro. Enquanto o empregado vai ficando mais transtornado, o patrão mantém a frieza. Manter-se calmo diante da raiva de outra pessoa é sempre um modo de permanecer no controle de um conflito. Mas, nesse exemplo, uma conversa que começou amigavelmente vai-se acalorando, de um dos lados, justamente por não haver uma resposta que atenda à perspectiva do outro. Além disso, pelo próprio processo da inversão das respostas, o empregado dá sinais de se tornar emotivamente dependente do empregador. É um momento extraordinário:

> "Não consigo me fazer entender. Vim aqui para usar de franqueza e você faz com que eu me sinta culpado. Tudo o que eu queria era lhe mostrar a carta e informá-lo sobre o que iria fazer. Que é que eu deveria ter-lhe dito?"

E o patrão trata de lhe dizer como ele poderia ter agido melhor. E agindo melhor, não ficaria tão transtornado. O patrão porta-se com indiferença, como lhe diz francamente Dodds, ao ponto de algo em seu comportamento perturbar o subalterno. Mas de fato ele o ensina a se compreender mais plenamente.

O resultado desse processo faz eco à idéia foucaultiana de que, "quando se quer individualizar o adulto sadio, normal e cumpridor da lei, deve-se sempre indagar quanto de criança existe nele, que loucura secreta o habita (...)". Esse empregador calmo despertou no empregado uma ira infantil, simplesmente por haver-se mantido, na aparência, frio e adulto. "Que está havendo com você?" Essa pergunta é individualizante: o sujeito concentra-se em si mesmo para se explicar, para se justificar. Inversamente, o empregador nada revela: não reage a influências, mas as exerce. Esse desequilíbrio é sua autonomia.

O vínculo entre os dois é forjado a partir desse desequilíbrio. Quando Dodds pergunta, inicialmente, se Blackman fará sua permanência no emprego valer a pena, o chefe responde dizendo que ele tem um problema com a lealdade, por ser o tipo de pessoa que é: instável, ávido por oportunidades, e coisas similares. Quando a inversão da resposta surte efeito, o subalterno se pergunta se é uma pessoa leal, e não se aquele homem e aquele emprego são dignos de sua lealdade.

Na dependência desobediente da srta. Bowen, o vínculo entre ela e o pai se estreitava quando a moça transgredia os desejos paternos. Na conversa entre Dodds e Blackman, o subalterno zanga-se com o patrão por este duvidar de sua lealdade, e acaba terminando a conversa com uma declaração de deslealdade — "Você parece achar que não há nenhum lugar no mundo onde eu prefira estar além deste laboratório" — e, do ponto de vista afetivo, fica nas mãos do empregador. Ele pleiteia reconhecimento; quer arrancar o patrão da indiferença, ser visto por ele como uma pessoa. É por esse jogo entre o reconhecimento e a indiferença que o vínculo se estreita. O superior mantém-se no controle do aparelho de reconhecimento; sua atenção é o prêmio pelo transtorno. Nesse con-

AUTORIDADE

texto, a negação não é um passo para a liberdade. Certa vez, mostrei a minha colega tchecoslovaca a transcrição da conversa entre Dodds e Blackman e lhe perguntei como entendia as afirmações astutas do empregador, no estilo "faça o que quiser, pouco me importa". "Tudo isso me parece um luxo", respondeu ela, "e na verdade nunca conheci um homem que precisasse desse tipo de jogos."

Seria um erro ver o empregador como conscientemente maquiavélico. Blackman teria que ser um grande ator para criar e encenar essa conversa. Ele age, antes, de acordo com um conjunto de regras, seguindo vários pressupostos sobre como lidar com as ameaças vindas de subalternos. Esses pressupostos determinam que algo diferente das ameaças será mais eficaz; aqui, afinal — ao contrário do que acontecia nas fábricas do século XVIII —, a violência física está fora de cogitação. As regras seguidas pelo patrão são iguais às que levam as pessoas a considerarem os médicos ou pesquisadores científicos "superiores", na sociedade, aos dirigentes de grandes empresas. São as mesmas regras que levam os trabalhadores a se sentirem ambivalentes quanto a expressar demandas, pela convicção de que sua vida íntima é menos desenvolvida que a de seus superiores. O empregador exerce influência como uma pessoa de autoridade autônoma, e essa influência prende o empregado a ele como uma figura poderosa, cujo reconhecimento tem que ser conquistado.

No capítulo anterior, falamos do paternalismo como uma falsa afirmação de interesse. Aqui, devemos entender a autonomia como algo que envolve outro tipo de ilusão: um disfarce do poder, de tal sorte que ele parece não provir de lugar nenhum, ser impessoal — um disfarce encarnado na palavra "influência".

A Influência

Para compreender esta faceta, precisamos primeiro registrar um fato histórico importante. No antigo regime, achava-se que a maneira como as massas sobreviviam tinha pouquíssimo a ver com os princípios e as pessoas de autoridade. O trabalho era comparado com a vida dos animais. Montesquieu não concebeu seus princípios da autoridade justa e injusta de acordo com o trabalho feito pelas pessoas, tampouco o fez Rousseau. Nas cartas da marquesa de Sévigné,* o trabalho é invisível. Foi na grande *Enciclopédia* de Diderot, publicada quase no fim do século XVIII, que a consciência do trabalho despontou como importante para uma compreensão mais ampla da sociedade, e foram os escritos de Marx e Engels que levaram essa consciência à fruição. A maneira como as pessoas se conscientizam de seu trabalho, de seus patrões e delas mesmas é a base da autoridade na área social.

As ideologias do paternalismo no século XIX foram um reconhecimento da necessidade de justificar o trabalho árduo para os que estavam a serviço de terceiros. Quando estourou a Primeira Guerra Mundial, essa justificação estava começando a se desgastar, assim como a promessa da própria ideologia de mercado de incluir cada vez mais indivíduos entre seus beneficiários. Esse problema era mensurável. Nos anos 20, empregadores norte-americanos, alemães e britânicos começaram a levantar o tipo de estatísticas que mostravam que a produtividade de seus trabalhadores vinha

---

*Marie de Rabutin-Chantal, marquesa de Sévigné (1626-1696), célebre autora epistolar francesa cujas *Cartas*, postumamente publicadas em 1726, constituem uma fonte preciosa de documentação da vida aristocrática do século XVII, à parte sua qualidade literária. (*N. da T.*)

declinando, comparada à produtividade dos da geração anterior. Os apelos às glórias da competição do mercado não pareciam ser de grande ajuda, nem mesmo as declarações do desejo de cuidar bem dos empregados.

Atualmente, sabe-se muita coisa sobre a analogia entre a motivação do trabalhador e a produtividade. Tal analogia não é uma correlação positiva direta. Por exemplo, um estudo conduzido em fábricas norte-americanas depois da Segunda Guerra Mundial constatou que os trabalhadores alienados podiam ser sumamente produtivos; eles simplesmente faziam seu trabalho sem pensar nele, atravessando os dias com o mínimo de alvoroço possível, por se sentirem sempre desligados. Sabe-se também que existem muitas situações em que os empregados se tornam menos produtivos ao se interessarem por seu trabalho; eles se comprazem com as tarefas que executam e, por isso, executam-nas com vagar, ou começam a fazer perguntas sobre por que o trabalho se organiza de tal ou qual maneira, em vez de simplesmente cumprirem ordens.

A motivação também oscila no tempo; depende de um conjunto complexo de fatores econômicos, demográficos e culturais. Atualmente, os países da América do Norte e muitos países europeus estão passando por uma "crise" de motivação dos trabalhadores, comparável à que surgiu na década de 1920. Os sinais de pura insatisfação foram habilmente caracterizados num livro de Robert S. Gilmour e Robert G. Lamb, *Political Alienation in Contemporary America* [*Alienação política na América contemporânea*], que revelou alguns dados estatísticos surpreendentes sobre as insatisfações dos empregados com o trabalho e sua desconfiança dos patrões. Embora menos de um décimo dos profissionais liberais desse estudo estivessem muito descontentes e desconfiados, 40% dos trabalhadores do setor de serviços e um terço dos operários da indústria sentiam-se dessa maneira. Estas duas últimas categorias formam a grande massa trabalhadora das sociedades industrializadas. As pessoas insatisfeitas podem expressar-se de vários modos. Os trabalhadores descontentes com a cadeia de comando e o regime de obediência em que trabalham têm resistido ao poder vigente de maneiras cada vez menos relacionadas com o protesto organizado. Os próprios sindicatos, atualmente grandes burocracias, são mais e mais vistos como organizações distantes, que colaboram com o inimigo. A insatisfação aparece de maneiras espontâneas, isoladas e talvez patéticas, que interferem na produtividade.

Por exemplo, o absenteísmo voluntário tornou-se uma grande preocupação das burocracias públicas e privadas. Ele envolve não só o fingir-se doente para obter licenças remuneradas, como também, no nível dos colarinhos-brancos, o simples desaparecimento durante o dia inteiro, ou a mentira a respeito de obrigações que eles precisam atender fora do escritório. À medida que foi aumentando a escala desse fenômeno, a percepção dele se modificou. Os especialistas em questões de pessoal já não o encaram como uma simples negligência, mas passaram a vê-lo como uma resistência tática. Nesta última década, além disso, o volume das greves não autorizadas pelos sindicatos aumentou, sendo essas greves — como nos casos dos Mineradores Unidos e dos operários britânicos da indústria automotiva — tanto contrárias à liderança sindical quanto à burocracia administrativa. Essas quebras da "disciplina do trabalhador", como os socialistas costumavam descrevê-las, vêm ocorrendo na Inglaterra, Itália, França e América do Norte.

A razão de essas insatisfações estarem relacionadas com a autoridade tem a ver com o fato de que, hoje em dia, o que está em questão é a *qualidade* da experiência de trabalho. No cerne dessa experiência encontra-se a relação humana entre empregados e patrões. Um estudo recente da insatisfação entre funcionários de escritório italianos listou as seguintes queixas, em ordem decrescente de freqüência: os patrões não nos protegem das pressões externas como deveriam; os patrões não fazem uma divisão eqüitativa do trabalho; os patrões não têm iniciativa; há muita repetição supérflua de tarefas no escritório; a papelada não tem sentido; a remuneração é baixa demais para a dificuldade do trabalho que fazemos. Um estudo em andamento sobre os gráficos da Alemanha listou, até o momento, as seguintes queixas, também em ordem decrescente de freqüência: os patrões são indecisos demais; não há variação suficiente de tarefas; os patrões não se preocupam com a qualidade do produto; há um excesso de brigas burocráticas internas; os benefícios da assistência social são muito poucos; há muita gente invejosa nas oficinas gráficas. Os estudos norte-americanos enfatizam mais a questão da satisfação pessoal nas relações entre patrões e empregados. As pesquisas inglesas e francesas sobre as atitudes dos trabalhadores revelam uma consciência mais voltada para a economia, porém, mesmo nesses casos, a pessoa do patrão tende a ser responsabilizada pelas privações materiais sofridas pelos empregados.

A qualidade de vida no trabalho era uma questão secundária nas sociedades com grave miséria econômica das massas, como a Inglaterra de meados do século XIX, ou nas sociedades com muitos empregos bons, porém com um número bem maior de pessoas querendo trabalhar, como os Estados Unidos na mesma época. Quando se quer comer, suporta-se o empregador incompetente, tolo ou desagradável. A sociedade industrial moderna aliviou as dificuldades materiais das massas e transformou o trabalho numa experiência mais estável e regular; agora, vai-se tornando possível pensar na qualidade do que se faz durante essas oito horas. Quando um estudo recente do governo norte-americano — em escala maior, porém menos criterioso que o de Gilmour e Lamb — revelou que a maioria dos trabalhadores em empregos que não eram de elite sentia-se profundamente insatisfeita com a maneira de passar o tempo no trabalho, um empresário de destaque comentou que o governo havia estudado a quintessência do luxo — o luxo de gostar do que se faz. Esse comentário perde de vista tanto a questão histórica quanto a prática. Por uma terrível ironia, o capitalismo moderno passou a dar ao trabalhador a oportunidade material de avaliar o que significa estar tenso ou entediado durante a maior parte das horas de vigília. O resultado prático desse exame é que a produtividade e a disciplina do sistema são perturbados por atos como o absenteísmo voluntário ou as greves não autorizadas.

Uma das maneiras pelas quais as insatisfações no trabalho têm sido explicadas é a afirmação de que a "ética do trabalho" vem-se desarticulando. Tal afirmação baseia-se numa outra idéia de Max Weber: a de que as pessoas querem trabalhar pesado, por mais oprimidas que se sintam nesse processo, porque a autodisciplina envolvida lhes confere um sentimento de valor moral. Isso é o que significa a ética protestante para as pessoas que não são capitalistas. A afirmação de que essa ética vem-se desfazendo, em termos abstratos, simplesmente não é verdadeira. Vários estudos mostram que pessoas de todas as idades, raças e classes sociais ainda afirmam acreditar

AUTORIDADE

no valor moral intrínseco do trabalho árduo. O sentido dessa moral, no entanto, está mudando. O trabalho árduo vem passando a ser visto por muitos trabalhadores como um meio para atingir outro fim — o desenvolvimento pessoal —, e não como moralmente digno por si mesmo.

Num artigo interessante de um livro de ensaios, *Work in America* [*O trabalho na América*], Daniel Yankelovich ligou essa nova moral justamente às percepções dos trabalhadores sobre a autoridade dos patrões. A tese dele é que o trabalhador não sente o desenvolvimento de seus interesses ou de sua perspicácia em termos abstratos; essas experiências, enquanto ele processa papéis ou produz máquinas, relacionam-se, em sua mente, com o tipo de patrão que ele tem. Fundamentando sua afirmação numa multiplicidade de estudos, inclusive seus próprios levantamentos, Yankelovich conclui:

> [A nova casta de trabalhadores] entra no emprego, muitas vezes, com a disposição de trabalhar com afinco e ser produtiva. Mas, quando o emprego não atende a suas expectativas — quando não lhes dá o incentivo que buscam —, eles perdem o interesse. Podem usar o emprego para satisfazer suas necessidades pessoais, mas dão pouca coisa em troca. A preocupação com o eu, que é a marca dos valores da Nova Casta, coloca o ônus da oferta de incentivos [afetivos] pelo trabalho árduo mais diretamente nos ombros dos empregadores do que acontecia no antigo sistema de valores.

Este é o enigma do trabalho: para que ele seja qualitativa e afetivamente satisfatório, como deseja um número cada vez maior de trabalhadores, a personalidade do patrão torna-se assaz importante. Ele confere parte desse sentido emocional ao trabalho, quando é uma pessoa para quem vale a pena trabalhar. É assim que a personalidade e o trabalho se ligam. Um marxista clássico diria que um patrão nunca poderia ser satisfatório nesses termos; o elemento novo é que os trabalhadores acham que é o que ele deve ser.

É por essas razões que, desde a década de 1920, os administradores vêm-se voltando para a psicologia e os psicólogos, a fim de encontrar novas maneiras de motivar os empregados que são indiferentes às marcas características do alto capitalismo. O mais famoso desses psicólogos foi Frederick Winslow Taylor, um behaviorista que apreendeu suas idéias do trabalho de Pavlov e Watson. Taylor procurou conceber o trabalho "cientificamente", para que fosse possível aumentar a produtividade através de um conjunto cuidadosamente escolhido de recompensas. O movimento taylorista foi responsável pelo alargamento dos horizontes das faculdades de administração norte-americanas, que, até então, lecionavam apenas disciplinas técnicas, como contabilidade e investimentos, e pela ampliação do trabalho de instituições do continente europeu, como a École Nationale d'Administration, na França, que antes se havia concentrado em política e em normas de governo. Embora as pretensões científicas do movimento taylorista tenham caído largamente em descrédito, suas metas estratégicas difundiram-se cada vez mais na formação dos administradores e nas práticas administrativas.

O objetivo mais importante é criar uma nova imagem da autoridade dos empregadores. Essa imagem não se baseia em ameaçar o empregado, mas em satisfazê-lo em termos psicológicos. O empregador aparece como o "facilitador" de uma política impessoal, o "coordenador" de atividades de trabalho, e assim por diante; ele mais influencia do que dá ordens. Num ensaio escrito anos atrás, intitulado "Work and its Discontents"

AUTORIDADE 151

["O trabalho e suas insatisfações"], Daniel Bell fez uma caracterização perspicaz dessa mudança:

> (...) na visível preocupação com a compreensão, a comunicação e a participação, constatamos uma mudança na visão dos administradores, paralela à que vem ocorrendo na cultura como um todo, que vai da autoridade para a manipulação como meio de exercer a dominação. Os fins dessa iniciativa continuam os mesmos, porém os meios mudaram e as antigas formas de flagrante coerção são hoje substituídas pela persuasão psicológica. O contramestre bruto e violento, que dava ordens aos gritos, cedeu lugar à melíflua voz do supervisor "voltado para as relações humanas".

As tentativas de redefinir as imagens do trabalho e dos patrões fazem eco à relação de Dodds e Blackman, em escala ampliada. A nova ideologia do trabalho concentra-se no que o trabalhador sente; o que ele ou ela é capaz de sentir é uma questão de desenvolvimento e disciplina internos; o patrão como influência desaparece como pessoa. A influência parece não vir de lugar nenhum, mas o empregado é intensamente motivado.

Existem hoje três escolas de pensamento estabelecidas sobre a maneira de influenciar psicologicamente os empregados. A primeira abordagem é a mais óbvia. Ela tenta tornar o trabalho intrinsecamente satisfatório; o empregador simplesmente espera que a pessoa feliz no trabalho o faça bem-feito. Os dirigentes interessados em tornar o trabalho satisfatório fizeram experiências, no passado, com linhas de montagem de velocidade variável, nas fábricas norte-americanas de produtos eletrônicos, para que os operários pudessem seguir seu próprio ritmo; experimentaram também a rotação de tarefas na fábrica automotiva da Volvo, na Suécia, para que os operários e os funcionários de colarinho branco aliviassem a monotonia, trabalhando numa série de tarefas. Os especialistas em satisfação no trabalho fazem ainda experiências com assuntos como a maneira de iluminar um escritório ou quando introduzir música de fundo numa fábrica. Recentemente, porém, sua orientação tornou-se mais espiritual: eles falam em "realização pessoal" na linha de montagem, ou se referem à cantina como um "fórum de intimidade".

A segunda escola baseia-se no que os profissionais da área chamam de "Teoria X". Trata-se da psicologia skinneriana aplicada à administração industrial. Segundo essa escola, os administradores não devem preocupar-se com as satisfações intrínsecas de uma tarefa; devem, antes, conceber recompensas, a título de reconhecimento pelo trabalho bem-feito. Se um empregado fizer um trabalho malfeito, seu castigo deverá consistir simplesmente em ele ser ignorado. A Teoria X fundamenta-se numa visão muito sombria da natureza humana: os seres humanos não estão muito interessados na qualidade de suas experiências no trabalho. Como crítico sensato da administração skinneriana, Douglas McGregor observou que os praticantes da Teoria X estão também convencidos de que, já que a maioria das pessoas é intrinsecamente fraca ou estúpida, sua capacidade de obter recompensas é restrita, por mais que elas possam desejá-las. Assim, o praticante da Teoria X tem que criar um conjunto de recompensas que o mercado "normal" de trabalho não ofereça às massas. A providência óbvia, tomada no passado pelos administradores que aderem a essa visão, consistiu em aumentar o salário nos dias ou horas em que um trabalhador era especialmente produtivo. Entretanto, isso criava tamanho ressentimento entre os outros trabalhadores, que se revelou contraproducente. Assim, os proponentes da Teoria X tiveram que buscar recompensas menos óbvias. Por exemplo, experi-

AUTORIDADE

mentaram conceitos como os "relógios de recompensa": se um trabalhador executasse em cinco minutos uma tarefa que normalmente levaria dez, receberia cinco minutos de repouso remunerado; se executasse a tarefa em três minutos, ganharia um bônus — oito minutos de repouso remunerado, em vez de sete —, e assim por diante.

A terceira escola é a que está mais em voga atualmente. Ela enfatiza a idéia da cooperação. Os resultados industriais tangíveis, como a produtividade, sustenta essa escola, dependem do processo pelo qual se estabelecem metas e se definem tarefas. Quando os trabalhadores participam dessas decisões, eles trabalham com afinco, mesmo que a tarefa não lhes seja intrinsecamente agradável e mesmo que as recompensas extrínsecas não sejam grandes. A razão disso é que eles passam a se sentir responsáveis pelo que fazem. As práticas dessa escola, entretanto, caem na armadilha das realidades capitalistas. As empresas engajam-se em práticas cooperativas por vê-las como um meio para atingir um fim, como a maior produtividade. Em contraste, os experimentos verdadeiramente socialistas de cooperação entre os trabalhadores, como assinalou o sociólogo iugoslavo Rudi Supek, tratam a cooperação como um fim importante em si, um fim em nome do qual a produtividade pode ser sacrificada. Além disso, a cooperação empresarial se dá entre pessoas desiguais. Os experimentos de tomada conjunta de decisões servem-se de questionários apresentados aos empregados para descobrir como eles querem executar uma tarefa, ou se servem de conferências com os trabalhadores no local de trabalho. Essas técnicas procuram criar um sentimento de reciprocidade e, portanto, de boa vontade entre os que, no final das contas, exercerão influência, e os que serão influenciados.

O objetivo psicológico das três abordagens é a estimulação, e não a autonomia para o trabalhador em si. Os que enfatizam a satisfação no trabalho raramente pensam na idéia de o empregado projetar as tarefas que mais lhe interessariam: esse seria um esforço extremamente dispendioso, sem qualquer garantia de que o trabalhador viesse a conceber para si uma tarefa útil à burocracia. As possibilidades de trabalho são definidas pelas autoridades: são elas que decidem aquilo que mais tenderia a interessar ao trabalhador, usando testes e entrevistas. Os seguidores da Teoria X não deixam que o trabalhador tenha muita voz ao estabelecer os termos de seu próprio condicionamento; as recompensas e punições são estipuladas para ele, porque os adeptos da Teoria X presumem que ninguém "agiria com imparcialidade" ao se atribuir punições reais. As realidades do controle na terceira escola, a chamada "escola cooperativa", foram descritas com muito pesar por um psicólogo que trabalhou para uma grande empresa do setor químico:

> É muito comum pedirmos aos empregados que nos forneçam amplos detalhes sobre suas atitudes e opiniões, porém, na maioria dos casos, quando passamos a dispor dos dados, não se faz nada com eles. E isso se deve a que os empregados dizem à administração o que ela não quer ouvir, de modo que a administração ignora os resultados. Depois, ela se pergunta por que continuamos a ter insatisfações, queixas e greves. Melhor seria não perguntar aos empregados o que eles pensam e sentem do que perguntar-lhes e não fazer nada.

Cada uma dessas abordagens obteve um sucesso parcial. Mas, apesar de sua eficácia ambígua, esses esforços continuam a ser feitos, por constituírem um modo de dar uma *raison d'être*

AUTORIDADE

humana à vida empresarial. A essência dessa humanização consiste em disfarçar a realidade bruta da dominação. A razão por que os empregados devem trabalhar numa estrutura hierárquica é, em última instância, sua própria felicidade. O poder é concebido como a capacidade de influenciar outra pessoa de maneiras que ela acabe considerando gratificantes. Os empregados, objetos do poder, são minuciosamente analisados, para se descobrir como é possível influenciá-los; o sujeito que exerce a influência é tratado como neutro. O empregador do dr. Dodds é uma dessas influências.

A exposição mais vívida desse conceito de influência aparece na obra de Herbert Simon, o pai da ciência da administração. Seus livros principais são *O comportamento administrativo* e *Modelos do homem*. Nesses textos, ele se preocupa em mostrar que as empresas tomam decisões não apenas de acordo com as condições externas do mercado, mas também segundo a maneira como se organizam internamente. Simon concebe essa organização interna como uma rede de influências, sendo a influência de cada pessoa determinada por sua posição e função na empresa. O conceito de influência na obra de Herbert Simon é moralmente casto: a manipulação, o engodo e a autoproteção parecem desempenhar um papel desprezível no processo de influenciar outras pessoas e, com isso, chegar às decisões. Tal como retratada nesses textos, a influência tem com a luta pela sobrevivência nas empresas a mesma relação que teve *La Vie de Bohème*, de Henri Murger, com a vida real dos pobres na Paris oitocentista.

O tema que fascinou Simon durante toda a sua carreira foi como construir "modelos" de influência numa organização. Seria de supor que os padrões de influência devessem ter algo a ver com as tarefas a serem executadas por uma organização, e portanto, que um modelo de comportamento administrativo devesse estar ligado aos problemas enfrentados por uma empresa ao tentar ampliar seu poder econômico e gerar dinheiro. Na obra de Simon, contudo, a empresa é um mundo em si. Ele procurou separar a maneira como as decisões são tomadas da natureza das decisões relacionadas à concorrência, à ampliação de capital, às fusões e coisas similares. Não foi uma tentativa irracional. O objetivo original de Simon foi mostrar que a atividade burocrática dentro das empresas não é uma simples questão de reagir às influências externas do mercado. Embora, no papel, a empresa possa organizar-se como uma límpida cadeia de comando, na prática a firma é um labirinto de linhas de comunicação em que a maioria das pessoas fica sujeita a muitas pressões conflitantes. O problema dessa postura, aparentemente sensata, é que Simon chegou a extremos para tentar evitar o erro de considerar o processo decisório empresarial como determinado pelo mercado. Ele desvinculou a empresa do mundo externo. Com isso, a influência nunca é maculada pelas duras realidades da vida.

Esse conceito de influência, sejam quais forem seus defeitos intelectuais, revela uma atitude fundamental a respeito da autoridade, por parte dos administradores e dos cientistas da administração. Se a autoridade em geral é um significado que as pessoas atribuem aos atos de mandar e obedecer, ela tem, nesse esquema de coisas, todos os sentidos possíveis ao mesmo tempo, e portanto não tem sentido algum. Vejamos, por exemplo, como um livro didático muito popular para alunos de administração, *Effective Managerial Leadership* [*Liderança*

AUTORIDADE

administrativa eficaz], de James J. Cribbin, define um bom dirigente "cooperativo":

> Ele não hesita em ser vigoroso quando as circunstâncias o exigem, mas não recorre habitualmente às ordens diretas. Preza mais a autodisciplina do que a disciplina imposta e mais as sugestões construtivas do que o conformismo submisso. Considerando que a autoridade se baseia mais na competência do que na posição, esse líder interage com seus seguidores num processo de influência recíproca. Como construtor de equipes, percebe que seu objetivo é ajudar os empregados a satisfazerem algumas de suas necessidades, ao mesmo tempo que realizam as metas do grupo e da firma. A comunicação flui livremente, é construtiva e se orienta para as finalidades para as quais o grupo existe. Por fim, se possível, os conflitos são resolvidos através da síntese de diversas opiniões.

Como a "influência" é um sistema fechado e auto-referente, o bom administrador deve ser tudo e estar em toda parte. Visto que a "influência" é moralmente casta, o tudo e o toda parte que ele é devem existir para o bem daqueles que ele influencia. Num nível aparentemente superior, essa mesma idéia da influência como fenômeno que circula livremente aparece na obra de Chris Argyris, professor de administração industrial em Yale:

> Portanto, é responsabilidade de todo executivo da organização que esteja considerando qualquer dessas grandes mudanças organizacionais desenvolver, antes de mais nada, sua competência em vários padrões de liderança, a fim de poder deslocar-se de um para outro com um mínimo de ambigüidade e insegurança pessoal. O líder precisa ter plenamente internalizada essa filo-

sofia da liderança. Um critério operacional da internalização satisfatória é que ele não tenda a se sentir inseguro ou culpado, se e quando for questionado sobre uma mudança de comportamento em que, por exemplo, deixe de ser diretivo e se torne mais participativo.

O que frisam essas ideologias da influência é que o administrador eficiente nunca fica amarrado, nunca se compromete. E é precisamente dessa maneira que ele ou ela mantém sua autonomia. A habilidade do "coordenador" ou "facilitador" consiste em nunca ser apanhado numa dada posição. Isso é o que o empregador do dr. Dodds pratica com muito sucesso; suas respostas invertidas poupam-no de ter que se comprometer a respeito de como irá enfrentar a oferta da outra empresa. Provavelmente, ele só fará isso depois de se reunir com um comitê sobre assuntos de pessoal, semelhante àquele a que pertencia a chefe dos contadores, de tal modo que a decisão final se distanciará ainda mais de ser uma decisão pessoal sua. É comum pensarmos nos bons administradores como homens de decisão; o administrador realmente eficaz, ao contrário, protege seus flancos. Há muitas maneiras polidas de dizer isso: ele mantém em aberto suas linhas de influência, é flexível, ou, na expressão incisiva de Argyris, consegue mudar de posição "com um mínimo de ambigüidade e insegurança pessoal".

A idéia de influência, portanto, é a expressão máxima da autonomia. Seu efeito é obscurecer o que o patrão quer e o que ele representa. A influência destinada a deixar os trabalhadores mais contentes com seu trabalho nega-lhes uma liberdade similar: a natureza da satisfação lhes é designada. Espera-se que o prazer elimine o confronto. Entretanto, os influenciadores não dizem quem são, o que representam nem o que esperam; as influências não são normas, mas estímulos. Cabe ao subordinado descobrir qual é o projeto. Esse é o exemplo mais extremo de um dito de Hegel: a injustiça da sociedade está em que cabe ao subalterno dar sentido ao que é o poder.

Autonomia e Liberdade

Uma das razões por que a autonomia desperta sentimentos tão intensos é que muitas pessoas passaram a crer que ser autônomo é ser livre. "Enquanto você pode ser jogado de um lado para outro", disse-me certa vez um operário de Boston, "você não é nada." Na mente das pessoas comuns, controlar o fluxo de influência não traz propriamente os prazeres da dominação, mas a oportunidade de assumir o controle de si mesmo. A autonomia ergue uma barreira contra o mundo; uma vez protegida, a pessoa pode viver como lhe aprouver.

Tocqueville, no segundo volume de sua *Democracia na América*, foi o primeiro a escrever sobre a crença na autonomia como liberdade, e esse tema é uma das razões por que sua descrição da América jacksoniana afeta o leitor moderno não como retrato de uma era passada, mas da era atual em estado rudimentar. Tocqueville usou a terminologia de sua época para descrever essa crença; falou na liberdade como a meta do "individualismo" — mas o que pretendeu dizer com individualismo diferia do sentido que seus contemporâneos davam a essa palavra. No início da segunda parte do volume dois da *Democracia*, ele traçou um famoso contraste entre o individualismo e o egoísmo, por exemplo. O egoísmo é

> um amor apaixonado e exagerado por si mesmo, que leva a pessoa a relacionar tudo consigo e a preferir suas próprias necessidades a todas as outras coisas.

O individualismo é

> um sentimento pacífico e moderado, que leva cada cidadão a se isolar da massa de seus semelhantes e a se recolher no círculo de seus familiares e amigos. Além disso, havendo criado essa pequena sociedade para seu bem-estar imediato, ele deixa de bom grado que a sociedade maior siga seu caminho.

Esse não é o individualismo dos darwinistas sociais, não é uma força da dura luta pela sobrevivência, combativa e árdua, mas justamente o inverso. Não é o individualismo que Jacob Burckhardt imaginou nascido no Renascimento italiano, e que se tornou cada vez mais forte na história moderna. Burckhardt mostra-nos homens e mulheres lutando por conquistar o louvor uns dos outros, lutando para ser reconhecidos como indivíduos, por terem qualidades especiais. Essa demonstração de *virtus* implica um intenso sentimento de comunhão, de querer estabelecer contato com os outros. Tocqueville mostra-nos homens e mulheres cujo desejo, antes, é serem deixados a sós. Não sendo empresários avarentos nem personagens vigorosos à procura de aplauso, eles querem ficar entregues a si mesmos,

AUTORIDADE 161

a fim de poderem desenvolver seus interesses, suas preferências e seus sentimentos íntimos.

O que Tocqueville pinta desses individualistas é um retrato compassivo, uma imagem dos impulsos mais gentis das pessoas comuns. Mas esses sonhos de desenvolvimento individual serão destroçados se alguém mais forte invadir o sagrado espaço do eu, como um ruído alto que vem da rua e impede o sujeito de dar continuidade a uma linha de pensamento em sua mente. E assim, um desejo fortíssimo apodera-se desse indivíduo. Antes de mais nada, é o de igualar as condições do poder na sociedade, a fim de que ninguém tenha forças para se intrometer; se todos forem iguais, todos poderão seguir seus caminhos distintos. Tocqueville descreve isso como o princípio do "individualismo democrático", usando "democrático", nessa expressão, com o sentido de "igual", como observou seu biógrafo norte-americano, George Pierson.

Mas, quando as condições sociais não permitem que as pessoas sejam iguais, há uma segunda linha de defesa. Trata-se da indiferença, do retraimento, da insensibilidade deliberada ao outro. Se você agir assim, ele não poderá atingi-lo emocionalmente. Embora prisioneiro do mundo, você poderá seguir seu próprio caminho internamente. É essa segunda linha de defesa que encarna a autonomia como ideal de liberdade na vida dos que dependem de terceiros.

Todo o segundo volume da *Democracia* de Tocqueville é dedicado à compreensão das conseqüências trágicas desse ideal. Tais conseqüências tanto são psicológicas quanto políticas. A conseqüência psicológica é que se fica buscando incessantemente do lado de dentro o sentimento de realização, como se o eu fosse um vasto depósito de satisfações que as relações sociais do sujeito o houvessem impedido de explorar:

> Independentemente do que a pessoa possa experimentar num dado momento, ela imagina milhares de outras satisfações que a morte a impedirá de conhecer, se não se apressar. Essa idéia a perturba, enche-a de temor e pesar e mantém seu espírito num estado de trepidação incessante; a todo momento, ela se sente à beira de modificar seus desígnios e seu lugar na vida.

Isolada, inquieta e sem realização: buscar a liberdade através da autonomia cria uma angústia terrível.

As conseqüências políticas desse ideal são igualmente destrutivas. Como a segunda linha de defesa contra a intromissão do mundo externo trata o poder à distância, como algo que não se pode permitir que ganhe importância, fica-se disposto a conceder cada vez mais direitos legais ao Estado, a lhe conferir um âmbito cada vez maior, desde que ele não exerça demasiada pressão sobre a vida íntima. Um Estado que satisfizesse essas condições seria "absoluto, sumamente bem articulado, regular, dotado de grande visão e brando". Creio que Tocqueville foi o primeiro autor a usar o termo "estatismo do bem-estar", e eis a sua imagem:

> O que censuro na igualdade não é ela desvirtuar os homens na busca do prazer proibido, mas absorvê-los inteiramente na busca dos prazeres permitidos (...) é provável que um tipo de materialismo decente [*matérialisme honnête*] venha a se estabelecer no mundo, um materialismo que não corrompa a alma, mas desdobre silenciosamente suas molas de ação.

Eram essas as razões psicológicas e políticas por que Tocqueville temia a crença em que as pessoas seriam livres quando

AUTORIDADE

fossem autônomas. Essa crença as deixaria numa insatisfação infindável e poderia acostumá-las aos procedimentos de um Estado frouxo e debilitador. E é nesse segundo volume da *Democracia* que Tocqueville se mostra menos conservador: a resposta a sua crença não é o individualismo agressivo e competitivo, mas as idéias mais sociáveis de liberdade.

O medo de Tocqueville era que o ideal de ser livre através da autonomia fosse tão irresistível, que esses perigos passariam despercebidos até ser tarde demais. É verdade que a crença na autonomia veio a se difundir, se é que os levantamentos do *status* ocupacional e dos traços de personalidade desejáveis constituem um bom guia. É verdade que o valor atribuído à autonomia pelos que não a têm é capaz de reforçar a autoridade dos que são percebidos como seus possuidores. Os que a possuem são superiores e mais livres; a autonomia é uma forma de conceber o que é ser uma pessoa forte. Mas o que Tocqueville temia precisa ser situado num contexto mais amplo: na relação entre a autoridade e a independência, tal como hoje a conhece a sociedade industrial do Ocidente.

Somos livres para descrer da autoridade e, o que é mais importante, para declarar nossa descrença, o que é uma liberdade desconhecida em diversas pátrias. As imagens dominantes da autoridade são um convite a essas rejeições. Num dos pólos encontra-se a imagem da autoridade paternalista, em que há algo indelével e flagrantemente falso: é a solicitude do dominador, quando isso convém a seus interesses, em seus termos e ao preço da passividade agradecida dos beneficiados. No pólo oposto encontra-se uma imagem desprovida de qualquer manifestação do "deixe-me cuidar de você". É a imagem da pessoa que cuida de si. Ela exibe seu autodomínio através de atos de indiferença ou de retraimento dos outros — um processo erroneamente rotulado de "comportamento impessoal", uma vez que provoca os sentimentos mais intensamente pessoais de rejeição nos que a ele são submetidos. A fonte dessas rejeições — um indivíduo concreto, que é responsável perante outros e tem que lidar com eles de pessoa para pessoa — vem-se tornando cada vez mais velada na prática burocrática moderna, à medida que as autoridades se transformam em moldadoras da influência, em vez de figuras francamente dotadas de poder: em presenças abalizadas, portanto, que não têm nenhuma responsabilidade; em negociadores de influência que não negociam frente a frente. Em juízes cujos veredictos são intensos e arbitrários: uma questão do olhar. E também isso as torna livres.

Essas imagens da autoridade desenvolveram-se a partir de ambigüidades fundamentais do capitalismo, ambigüidades no significado da comunhão e do individualismo. Nenhuma das duas conseguiu banir permanentemente tais ambigüidades, e também esse fracasso nos manteve livres. O Führer e o Duce são duas lições claras de como seria a sociedade européia se as dissonâncias viessem a desaparecer.

Nosso problema é um problema dentro do campo do ser livre, e é um problema real. As formas dominantes de autoridade em nossa vida são destrutivas; falta-lhes amparo, e o amparo — o amor que sustenta os outros — é uma necessidade humana fundamental, tão básica quanto o alimento ou o sexo. A compaixão, a confiança e a tranqüilização constituem qualidades que seria absurdo associar a essas figuras de autoridade no mundo adulto. Mesmo assim, somos livres: livres para acusar nossos dominadores por não terem essas qualidades.

O problema é que o próprio ato de rejeitá-los cria vínculos com eles. Vínculos baseados no medo da sua força, ou no desejo de vislumbrar uma imagem de força pela definição de suas falhas, tentativas de arrancar de um conjunto insatisfatório de imagens alguma coisa que satisfaça a necessidade básica da autoridade. Em vista da importância do ofício da autoridade, ela é uma figura magnetizante. Podemos ser-lhe desleais, podemos transgredir seus ditames, mas, como aconteceu com o dr. Dodds ou com a srta. Bowen, a finalidade dessas negações não é destronar a presença autoritária, mas despertar atenção.

Com certeza, qualquer pessoa sensata se ressentiria de ficar nas mãos dessas autoridades fugidias ou enganosas. Mas a armadilha de rejeitá-las é mais do que uma questão de ter finalmente a esperança de fazer com que elas se importem. Nenhuma pessoa, por mais bem-intencionada que seja como personalidade, é capaz de dar amparo a outra, como se se tratasse de uma mercadoria. Tampouco se granjeia interesse como quem extrai lucro de um investimento. Mas a ilusão se protege. A pessoa insatisfeita, infeliz, imagina que, se houvesse alguém diferente no comando, a infelicidade terminaria e ela se sentiria jubilosa por ser notada. O dr. Dodds imagina que um tipo de patrão diferente o teria feito sentir-se menos culpado; não é o modo como ele e seu empregador dialogam que lhe parece constituir o problema, e sim a pessoa do empregador. Os contadores imaginam que, se sua chefe fosse mais forte, eles gostariam mais do emprego, embora muitos tenham fugido exatamente desse tipo de pessoa no passado. A srta. Bowen achava que as pessoas que deviam ser autoridades nunca eram suficientemente fortes. Essa imaginação negativa fica inteiramente sob a égide da ordem existente. Ela desacredita, mas apenas para sonhar com outra pessoa, e não com um estilo de vida diferente.

II

RECONHECIMENTO

4

A consciência infeliz

A Viagem de Hegel

Em 1807, aos trinta e sete anos, Hegel publicou seu primeiro grande texto, a *Fenomenologia do espírito*. O livro foi concluído num clima de agitação, pois, no ano anterior, Napoleão havia tomado a cidade de Jena, onde o filósofo lecionava. Hegel fugiu de casa com metade do manuscrito e pouca coisa mais. A *Fenomenologia* mostra-o adotando sobre a sociedade uma visão bem diferente da que tivera o jovem Hegel em sua reação apaixonada aos acontecimentos da Revolução Francesa. A negação, tão importante em suas posições anteriores, assim como nos escritos de Fichte e Schlegel, continua presente. Mas a idéia foi ampliada, enriquecida e posta ao lado de outro termo: reconhecimento.

No que talvez seja o capítulo mais famoso da *Fenomenologia*, "O senhor e o escravo", Hegel fornece uma definição sucinta desse termo. Logo no início do capítulo, escreve que o ser humano inteiro "só existe ao ser reconhecido". Isso implica um "processo de reconhecimento [mútuo]". Excluir simplesmente a existência do outro, seja ela boa ou má, forte ou fraca, significaria ser uma pessoa incompleta. A idéia de reconhecimento talvez pareça banal — conforme diz o lugar-comum, nenhum homem é uma ilha. Mas ela tem também um sentido trágico na psicologia da autoridade.

A autoridade, como vimos, é uma questão de definir e interpretar diferenças de força. Em certo sentido, o sentimento da autoridade é justamente o reconhecimento de que essas diferenças existem. Noutro sentido, mais complicado, trata-se de levar em conta as necessidades e desejos tanto dos fracos quanto dos fortes, depois de reconhecidas essas diferenças.

O estudo da civilização hindu feito por Louis Dumont em *Homo Hierarchicus* e o retrato da Provença medieval traçado por Le Roy Ladurie em *Montaillou* são imagens de vidas trancafiadas em hierarquias de força; em cada nível, as pessoas recorrem a alguém de cima, para fazer, pensar ou interpretar o que elas mesmas não conseguem. Não havia nenhuma vergonha ligada a tal dependência, tão natural parecia essa estrutura de convívio com as outras pessoas. Para o leitor moderno, por ser moderno, é curioso ouvir os bispos e os camponeses da Provença medieval conversarem entre si com respeito, como desiguais.

Poderíamos lamentar a perda dessas sociedades, romanceando a pobreza, a superstição e a escravidão legal. No entanto, a própria realidade de sua existência é sugestiva: o reconhecimento psicológico e a diferença social se combinavam. Para a inteligência moderna, esses são elementos dissonantes. O que o medievalismo sugeriu a Hegel foi a relação entre o reconhecimento e a diferença como um fenômeno inteiramente psicológico. Ele tentou criar a imagem de uma longa viagem interna em busca da autoridade satisfatória, na qual esses elementos se articulariam uns com os outros; e o fim da viagem não seria uma sociedade feliz de reis e castas, mas uma consciência tensa e dividida, na qual a pessoa sentiria a força da autoridade, mas seria livre. Apesar de todos os interesses filosóficos especiais de Hegel e de sua linguagem intricada, a natureza da viagem descrita por ele sugere, a meu ver, como a experiência da autoridade poderia tornar-se menos humilhante e mais livre na vida cotidiana.

AUTORIDADE   171

Hegel nos pede, primeiramente, para imaginar uma espécie de duelo. Duas pessoas combatem entre si pela atenção. Repare em mim; só estou reparando em você porque quero que leve em consideração o que eu quero. Diz Hegel: "Elas têm que se empenhar nessa luta porque precisam elevar à verdade sua certeza de existirem por si mesmas"; em outras palavras, se você levar em conta minhas necessidades e desejos em seu modo de agir, eles serão reais e eu serei real. Mas essa batalha para provocar o reconhecimento por parte do outro não é um duelo de morte. Se eu abatesse seu espírito tão completamente que você se tornasse um escravo abjeto, uma insignificância, teria obtido uma vitória custosa demais. Ninguém diferente de mim reconheceria minha existência. Preciso, antes, de um Outro, de uma pessoa distinta de mim, que exiba os sinais de apreciação, deferência e obediência que me dizem que o que eu quero tem importância. Essa vitória que se detém antes da morte, esse estabelecimento desigual de quem é aquele cujas necessidades e desejos têm importância, é a relação que Hegel diz prevalecer entre o senhor e o escravo.

Jessica Benjamin sugeriu que a melhor maneira de pensar nessa relação é em termos do prazer que o poder propicia. Hegel, disse ela, acredita que a pessoa poderosa pode extrair prazer de seu poder; a pessoa escravizada fornece os meios desse prazer — não apenas pelos processos psicológicos puros da lisonja e da atenção, mas também por trabalhar para o senhor. O escravo cria coisas que o senhor usa para seu prazer e, como Nero gesticulando para a frota romana e dizendo "Tudo aquilo é para mim", dá ao senhor um sentimento de seu próprio valor. Há nesse trabalho uma ironia, no entanto, uma ironia que acabará libertando o escravo.

O senhor depende do escravo para a produção de seu prazer. É verdade que pode matar seu vassalo de fome, espancá-lo ou maltratá-lo, mas essa dominação pura só lhe trará um prazer sádico. Ao contrário, ao empregar a ameaça desses castigos, o senhor espera induzir o escravo a produzir mais, psicológica e materialmente. Mas o que o escravo produz fica fora da relação entre ele e seu senhor. Ele pode fazer um casaco de pele para que o senhor se compraza. Mas a produção envolve normas artesanais que independem do prazer do senhor com o objeto em si. "O senhor", diz Hegel, "relaciona-se em termos mediatos com o servo, através de algo que é independente (...) o senhor é o poder sobre essa coisa (...)", mas o casaco e o senhor não são um só.

A ironia começa, portanto, no fato de que o senhor precisa do escravo para sentir prazer e para se reafirmar: "A verdade da consciência independente, portanto, é a consciência servil do escravo." A ironia culmina no fato de que o trabalho feito pelo escravo para o senhor acaba por colocá-lo fora dos termos da dominação e da obediência puras. "Através do trabalho", diz Hegel, "o escravo toma consciência do que realmente é." O primeiro passo para sair da servidão é uma descoberta do subalterno, ao pensar em seu trabalho em relação a si mesmo, ao pensar "que ele tem uma mente própria". Nesse momento, ele começa a se libertar.

O jovem Hegel achava que o ônus de criar condições de liberdade na sociedade cabia aos oprimidos; nenhum guardião platônico benevolente, nenhum anjo necessário viria resgatá-los. O Hegel da *Fenomenologia* esclarece essa idéia, e o faz ao definir o nascimento da liberdade — na consciência que o escravo tem de seu trabalho. Em seguida, ele descreve os estágios de liberdade por que passa o escravo. Existem quatro deles, e a passagem de um para outro ocorre quando o oprimido nega aquilo em que antes acreditou.

AUTORIDADE

Esses quatro estágios são o estoicismo, o ceticismo, a consciência infeliz e a consciência racional. Eles começam com o estóico retirando-se do mundo para seus próprios pensamentos — uma liberdade primitiva, voltada para dentro. O ceticismo do estágio seguinte volta-se para o mundo: o escravo, ainda um servo obediente, descrê do papel que desempenha e da superioridade moral do senhor. A consciência infeliz internaliza esse conhecimento cético sobre uma relação social: existem um senhor e um escravo em todo ser humano. Hegel chama a consciência infeliz de "consciência do eu como um ser de natureza dupla, *meramente* contraditório". Na consciência racional, esse conhecimento volta a se socializar: a triste cisão que cada pessoa sente dentro de si também é vista nos outros. Hegel chama de "racional" esse último estágio da liberdade porque, nesse momento, o sujeito pode perceber e agir com os outros de acordo com objetivos comuns; já não há necessidade de lutar contra os outros pelo reconhecimento, pois a própria consciência desenvolveu-se a ponto de o sujeito saber que suas divisões internas são divisões que existem em toda a humanidade. Hegel também chama essa consciência racional e dotada de propósitos de estado "absoluto" de liberdade, e o uso da palavra "absoluto" é a chave de suas intenções globais: "Do absoluto, cabe dizer que é essencialmente um resultado, que só no fim ele é o que realmente é."

Essa é a viagem. Suas estações são marcadas por crises de autoridade. As crises de autoridade constroem-se em torno das modulações do reconhecimento da liberdade e da escravidão dentro de si mesmo, reconhecimento de ambas em outros seres humanos e reconhecimento de si mesmo em outras pessoas. Cada crise ocorre através da descrença naquilo em que antes se acreditou. Mas esses atos de descrença não são fins em si mesmos. São meios para chegar a novos padrões de crença. Durante as fases finais desse rodízio, quando o sujeito reconhece com tristeza o senhor e o escravo dentro de si, e depois vê o senhor e o escravo dentro dos outros, as convulsões alteram sua maneira de agir relativamente a outros seres humanos. Nas duas últimas fases, o antigo senhor perde seu poder sobre o escravo, não porque este o derrube ou tome seu lugar, mas porque o escravo infeliz transforma-se num ser humano diferente, que lida de maneira não competitiva com o senhor; o que obriga o senhor a modular seu próprio comportamento.

A idéia de que a autoridade é renovada por crises periódicas talvez seja o elemento mais radical da teoria de Hegel. A consciência do senhorio e da escravidão é tudo: as crises modificam a natureza da consciência da pessoa. A ética do reconhecimento — simpatia, sensibilidade, modéstia a respeito de si — deve controlar cada vez mais a interpretação do poder. Esse reconhecimento livre *é* a liberdade.

Trata-se de uma visão espiritual imensamente idealista, porém ela é tudo menos um conceito ingênuo de liberdade. Liberdade não é bem-aventurança. É a experiência da cisão, é o reconhecimento final de que há um tirano e um escravo vivendo em todo ser humano; somente admitindo esse fato poderão os seres humanos vir, um dia, a ter a esperança de serem mais do que duelistas. A liberdade existe, finalmente, quando o reconhecimento que dou a você nada retira de mim.

Se indagarmos até que ponto esse sistema filosófico descreve as realidades concretas de nossa vida, primeiro teremos que dizer que a sociedade industrial, desde a época de Hegel, perfez metade do trajeto da viagem. Os dois primeiros momentos hegelianos, de estoicismo e ceticismo, são experiências

AUTORIDADE   175

do dia-a-dia, mas não amadureceram até os estágios posteriores de liberdade imaginados por Hegel. A dependência desobediente, por exemplo, pode ser tomada como uma forma perversa do ceticismo hegeliano: rebelo-me contra você, insulto-o(a), digo que você não tem valor e, desse modo, consigo sentir-me seguro em suas mãos. Fico obcecado com o que você pensaria ou faria para zombar disso e fazer o inverso — e desse modo, o nó de seu controle sobre minha vida se aperta, muito embora eu seja desobediente. A fantasia do desaparecimento é uma espécie de ceticismo infantil: imagino que, se eu não acreditar em você, você deixará de me controlar. A substituição idealizada é a mais complexa: imagino que a autoridade pessoal é como a produção de uma fotografia. O que quer que você seja em carne e osso é o negativo; o positivo é o ideal, vale dizer, o oposto a você. Mas é sua imagem que eu estou sempre imprimindo. Nenhuma dessas negações tem uma aproximação maior da redefinição das relações sociais que Hegel imaginou nos dois últimos estágios de sua viagem.

A razão por que essas formas de descrença na autoridade pessoal se fecham em si mesmas relaciona-se, em última instância, com os tipos de autoridade sujeitos ao ataque. É extremamente fácil imaginarmos a autoridade onipotente em termos de tiranias como o nazismo. Hegel entendia que a autoridade também podia ser onipotente, no sentido de absoluta, desde que fosse concebida como externa: acho que o problema está lá fora, os opressores são externos, estou apenas pagando meus pecados, e não acredito neles nem no que estou fazendo. Se eu não me reconhecer como participante dessa opressão, não haverá como deter os opressores. Eu descreio e eles mandam. As formas dominantes de autoridade pessoal na sociedade industrial moderna têm a capacidade de provocar enormes doses dessa insatisfação. São dois os pólos dessa autoridade dominante. Um é a autoridade sem amor, a autoridade da autonomia pessoal. Ele opera pelos princípios da indiferença para com o outro e da qualificação auto-suficiente, que absorve a rebeldia vinda de baixo, mas exerce controles poderosos da vergonha sobre os que se rebelam. O outro pólo costumava ser característico de capitalistas isolados e agora aparece nas burocracias, tanto socialistas quanto capitalistas. Trata-se de uma autoridade do amor falso, a autoridade do paternalismo. Ela opera como uma exibição de benevolência que só existe na medida em que convém aos interesses daquele que manda, e que exige a aquiescência passiva como o preço para que o sujeito seja cuidado.

Em torno de um ou outro desses pólos giram a dependência desobediente, as fantasias de desaparecimento e a substituição idealizada, tal como ocorre entre os aborígines da Nova Guiné, que, de maneira sistemática e ritualizada, ameaçam seu chefe; depois de insultá-lo, negá-lo e nele descarregar sua raiva, eles continuam a ser seus súditos.

Se perguntarmos como poderá continuar a viagem imaginada por Hegel, teremos de considerar três questões. Primeira: exatamente de que modo ocorre a crise de autoridade, para que a pessoa não recaia naquilo em que estava antes? Hegel afirma que isso acontece, mas não dá nenhuma explicação sobre o processo pelo qual a interpretação do poder se modifica. Essa é uma questão sobremodo importante, dada a etapa da viagem que ainda não atingimos — o estágio da consciência infeliz, no qual a mentalidade oposicionista do "nós contra eles" é superada e a pessoa passa a conceber as origens da servidão como um enigma do desejo íntimo. Como ocorre essa mudança maciça da consciência? Em seguida, temos que enfrentar

AUTORIDADE

imediatamente uma segunda questão: em que tipo de mundo essa infelicidade teria sentido? Não digo em termos abstratos, mas em termos de como as pessoas lidam com seus patrões, com seus filhos rebelados contra a escola, ou com os tentáculos do governo que afetam a vida cotidiana. A consciência infeliz instiga as pessoas a acreditarem na autoridade sem acreditarem na onipotência da pessoa em posição de autoridade; nem o inimigo nem a salvação encontram-se do lado de fora, ambos são desejos que existem na consciência; buscá-los como essências puras de outras pessoas é mentir para si mesmo. Ninguém pode curar essa clivagem interna — mas existe algo que se pode chamar de autoridade. Qual é a forma de poder, na sociedade comum, que é compatível com esse conhecimento? Como é o poder sem a onipotência?

Essas duas questões levam a uma destinação diferente da de Hegel. Ele chegou à visão de uma sociedade racional e cooperativa. Os processos mediante os quais a crise de autoridade dá origem à consciência infeliz e à sociedade que a respalda obrigam-nos a pensar na autoridade em termos muito mais sombrios. Os gregos conheciam essa outra destinação. Todas as peças tebanas de Sófocles versam sobre atos de reconhecimento que destronam a autoridade suprema; as peças são tragédias. Ao lado do amor ateniense pela ordem racional, há uma desconfiança na capacidade humana de ordenar o mundo. Essa desconfiança, esse medo da arrogância nascida do orgulho ou da paixão, era tida como libertadora do sujeito. A pessoa livre acreditava existirem normas, mas não a Norma. E, ao contrário das alegres panacéias do liberalismo moderno, baseadas numa idéia um pouco parecida, os atenienses sabiam que as normas sem a Norma não podiam ser cumpridas, como uma fome que permanece não saciada em nome da saúde. Assim, pensar na evolução da autoridade para que ela seja mais livre, mais liberal no sentido verdadeiro, levanta uma questão moral que está na raiz da civilização ocidental. Quanta exposição à incerteza, às meias medidas ou à infelicidade pode a humanidade suportar para ser livre?

Este capítulo versa sobre como a crise de autoridade pode levar o sujeito a renunciar às visões da autoridade onipotente e satisfatória. O próximo discorrerá sobre as condições do poder, na vida cotidiana, que seriam compatíveis com essa renúncia. O capítulo final do ensaio se ligará à questão moral levantada por essa trajetória.

A crise de autoridade que leva à renuncia à autoridade como onipotente tem uma estrutura definida. Primeiro, há uma desvinculação da influência da autoridade. Depois vem uma pergunta reflexiva: como era eu sob a influência dessa autoridade? Concluído o trabalho de desvinculação e reflexão, pode-se formular uma pergunta sobre a pessoa em posição de autoridade: sua influência é legítima? Somente quando essa pergunta surge no final é possível respondê-la livremente, sem a compulsão a dar uma resposta negativa nem o desejo de atender a intenções ocultas. Essa seqüência é meio irônica, pois somente ao aprendermos a nos retirar da esfera da autoridade é que podemos reingressar nela, com o senso de seus limites e sabendo como as ordens e a obediência podem ser modificados, para que nossas verdadeiras necessidades de proteção e reafirmação sejam atendidas.

Essa seqüência não tem um cronograma rígido. Podem-se passar meses entre o momento em que uma mulher desfaz seu casamento e o momento em que se sente forte o bastante para enfrentar o que de fato era sob a dominação do marido, meses repletos de explicações convencionais que, de repente, parecem desgastadas. Ou então, a seqüência pode desenrolar-se rapidamente, como no caso do filho que, logo depois de se dar conta de que não era simplesmente uma vítima do pai, percebe que o pai era mais do que um carrasco. Qualquer seqüência que dê uma estrutura à consciência é, como observou William James, um "catalisador": pensar em x permite-me pensar mais francamente em y. Em termos técnicos, existe uma "ontologia evolutiva" necessária na execução de tarefas interpretativas. Nesse caso, pensar na validez de uma figura de autoridade, sem primeiro desvincular-se dessa figura e explorar a si mesmo, tende a significar que não se pensará nada de muito novo; as vozes internas e inexploradas das necessidades e mágoas do próprio sujeito continuarão no comando.

Do mesmo modo, a seqüência da interpretação precisa ser cumprida, para que se compreenda a experiência da autoridade. O simples desvincular-se, ou permanecer absorto em si mesmo, não bastaria para dar sentido ao que é, essencialmente, uma relação *entre* pessoas. Há, portanto, uma estrutura das experiências de crise, assim como há uma estrutura dos períodos de relativa estabilidade, e essa estrutura reside nas etapas pelas quais se chega a um certo destino, e não num cronograma rígido da viagem.

Desvinculação

O primeiro passo a ser dado por qualquer pessoa para reconceituar a autoridade é desvincular-se dela temporariamente. Esse primeiro passo é o mais perigoso. Muitas vezes, o que parecem ser as rupturas mais radicais revela-se ilusório. Um exemplo marcante dessa ilusão aparece nos escritos e na vida do jacobino francês Saint-Just.* Em suas *Instituições*, ele proclamou:

> Tudo o que existe à nossa volta deve modificar-se e chegar ao fim, pois tudo o que nos cerca é injusto (...) obrigado a se isolar do mundo e de si mesmo, o homem baixa sua âncora no futuro e estreita junto ao peito a posteridade, que não tem culpa pelos males do presente (...).

Esse rompimento com o passado baseia-se num orgulho patológico. Falando de si mesmo como revolucionário livre, disse Saint-Just:

> Deixei toda a fraqueza para trás; vi somente a verdade no universo e a expressei.

Enormes conseqüências políticas decorreram dessa patologia. Na verdade, não houve maior liberdade no regime que Saint-Just ajudou a inaugurar; surgiu uma nova escravidão, para tomar o lugar da antiga. "A liberdade", proclamou Saint-Just no auge do Terror,

> deve prevalecer a qualquer preço. (...) Não deveis meramente punir os traidores, mas também os indiferentes; deveis punir quem quer que seja passivo na república. (...) Devemos governar com o ferro aqueles que não podem ser governados com a justiça.

A patologia de Saint-Just é um exemplo extremo da desvinculação ilusória. Desacreditar de um conjunto de razões do poder — a autoridade do *ancien régime* — não o levou a des-

---

*Louis Antoine Léon Saint-Just (1767-1794), político francês que participou da Convenção, teorizador e defensor de uma república unitária e igualitária e participante ativo das medidas tomadas durante o período do Terror. Foi executado com Robespierre, de quem era partidário fiel. (*N. da T.*)

AUTORIDADE

confiar do poder em si, e certamente não a desconfiar de seu próprio poder pessoal. Foi ao procurar compreender figuras como essa que Hegel chegou à conclusão de que o primeiro passo para o tornar-se livre não era a simples derrubada do poder existente, mas um momento de desvinculação de todo o mundo do poder. Só então pode o poder ser realmente percebido, tanto dentro quanto fora do próprio sujeito.

Como passa a existir o primeiro estágio dessa desvinculação? Há dois caminhos distintos pelos quais é possível criá-lo. Um é pela criação de uma máscara. O outro é através de um expurgo.

A máscara que permite ao sujeito desvincular-se foi vividamente descrita por Edmund Gosse em sua autobiografia, *Father and Son*. Um dia, o jovem Gosse descobriu que o pai estava errado sobre um fato que afirmava resolutamente ser verdade. "Meu pai", escreveu Gosse,

> (...) como divindade, como força natural de imenso prestígio, caiu, a meu ver, para um nível humano. No futuro, suas afirmações sobre as coisas em geral não precisariam ser irrestritamente aceitas.

A descoberta da falibilidade paterna não transformou o jovem num rebelde, nem ele contestou diretamente o pai. Em vez disso, parte dele afastou-se do pai. Gosse afirmou que

> (...) de todas as idéias que se precipitaram em meu cerebrozinho selvagem e inculto nessa crise, a mais curiosa foi que eu havia descoberto um companheiro e confidente em mim mesmo. Havia um segredo no mundo, e ele pertencia a mim e a alguém que habitava no mesmo corpo que eu.

O termo usado pelos alemães para designar essa consciência é preciso: o *Doppelgänger* (aproximadamente, um senso alternativo do eu, um ser duplo).* "Havia dois de nós", escreveu Gosse, "e podíamos conversar um com o outro (...)."

> É difícil definir impressões tão rudimentares, mas é certo que foi sob essa forma dual que o sentimento de minha individualidade despontou subitamente em mim, e é igualmente certo que foi para mim um grande alívio encontrar um simpatizante dentro de meu próprio peito.

A história então narrada na autobiografia de Gosse é a de um garotinho que vê outro obedecer, observa a mansidão e o silêncio marcarem as feições do menino obediente, e observa o pai interpretar esses sinais de obediência como se fossem o verdadeiro caráter de seu filho. Por fim, quando o jovem está em meados da adolescência, as feições do menino obediente adquiriram uma aparência tão falsa que, num momento de raiva, o rapaz arranca a máscara. Outra pessoa revela-se então para o pai, não propriamente rebelde ou combativa, mas alienada. A sensação de usar uma máscara foi mais do que uma medida de proteção. Ela permitiu ao menino, durante um período de cinco anos, avaliar a autoridade do pai e suas próprias reações.

As imagens do eu mascarado têm uma longa história. No Renascimento, foram um modo de explicar como mulheres de aparência perfeitamente normal também podiam ser feiticeiras. Em *O sósia*, de Dostoiévski, a imagem renascentista se inverte e a pessoa "normal" é mundana e perversa, enquanto a pessoa secreta que a atormenta é um homem decente. A investigação psicológica positiva da imagem do duplo não se

---

Doppelgänger seria o sósia, o duplo. (*N. da T.*)

concentrou propriamente em personagens como o médico e o monstro (na verdade, esse estereótipo popular de duas personalidades não relacionadas que compartilham o mesmo corpo é extremamente raro), mas nos objetivos atendidos pela crença na existência de organizações alternativas que o sujeito pode dar a sua consciência. Phyllis Greenacre estudou, por exemplo, a relação do sentimento do eu duplo com a criatividade artística, na qual o eu secreto joga com sensações que o eu superficial classificou em categorias rotineiras, com isso tornando-se insensível a elas. No trabalho psicopatológico, a imagem renascentista de ser perseguido ressurgiu na idéia de que o *Doppelgänger* é uma fantasia paranóica: todos os sentimentos perigosos e recalcados da pessoa organizam-se como um eu secreto, que atormenta a pessoa normal que encontrou seu lugar na "realidade".

A imagem de ser atormentado por um segundo eu, nascida no Renascimento, pode obscurecer o fato de que o fenômeno do *Doppelgänger* também é um modo de elaborar a própria realidade e, particularmente, de elaborar o sentido dos padrões do poder. O que ela proporcionou na vida de um rapaz como Gosse foi, antes de mais nada, uma proteção contra as ordens de outra pessoa; parte do rapaz tornou-se intocável. Em segundo lugar, ela retirou as ordens da categoria de absolutos morais; se parte do rapaz era intocável, as ordens não eram onipotentes. Terceiro, toda a relação de poder pôde ser observada: como se reagia e o que se era ordenado a fazer.

A máscara proporciona esses poderes de desvinculação. Mas também está sujeita a riscos. A convicção da existência de uma pessoa oculta que o dominador não consegue atingir pode transformar-se, simplesmente, numa convicção indefinida, como no seguinte exemplo de um homem de vinte e seis anos que se casou com uma mulher contra a vontade da mãe:

> *Entrevistador*: — Quando foi que você disse a sua mãe que ia se casar?
>
> *Sujeito*: — Umas duas semanas antes do casamento.
>
> *Entrevistador*: — E disse que pretendia ser franco com ela, mostrar-lhe o que realmente sentia... De que modo, exatamente?
>
> *Sujeito*: — Eu achava que, depois de examinarmos essa história a fundo, ela me veria como realmente sou. É engraçado, mas, depois da explosão, não houve nada que eu quisesse dizer a ela, ou seja (...) aquilo me surpreendeu. Eu acreditava mesmo que agiria de outra maneira com ela, mas não tive um sentimento muito diferente do que tinha antes. É que eu achava que tinha alguma coisa muito diferente dentro de mim.

A separação entre a figura externa obediente e o observador interno também pode levar a um tipo de passividade com que já estamos familiarizados. O eu externo age segundo as formalidades. O eu interno desacredita de tudo o que o eu externo faz — esse eu "verdadeiro" torna-se uma fonte de negação, bem como uma região permanente de indiferença: como não sou realmente "eu" que estou obedecendo a meus pais e cooperando com eles, posso concordar; meus atos não têm importância, já que não acredito neles de verdade.

Essa máscara só atende a fins positivos quando a clivagem entre o eu externo e o eu observador é instável e discordante, quando as duas modalidades não se harmonizam. O ambiente de que a pessoa tem consciência desempenha um papel importante na determinação de esse mascaramento ser temporário

AUTORIDADE

ou não; os pais distantes e desinteressados do que fazem os filhos são um convite para eles se esconderem permanentemente atrás de uma máscara de docilidade, o mesmo acontecendo com os patrões indiferentes. Um pai invasivo, como o de Gosse, pode forçar a solução. Mas o caráter da máscara, a consciência do que ela é, também tem um papel a desempenhar. A pessoa precisa conceber sua máscara de obediência como algo que atende a um propósito. A máscara é um instrumento: dá a oportunidade de observar com segurança. Não deve ser um refúgio nem um fim em si.

A máscara é um modo de proteger alguém da influência ou da sedução de uma autoridade. A via logicamente óbvia da desvinculação consiste em expurgar as influências. Os rituais de purgação são conhecidos na antropologia: o exorcismo que afasta os maus espíritos, os ritos de passagem em que o adolescente elimina os temores infantis através de uma façanha ou uma prova. Como assinalou Mary Douglas em *Purity and Danger* [*Pureza e perigo*], a purgação é um ato que as pessoas praticam por temerem que o perigo seja interno, que elas tenham sido seduzidas, entregando os pontos. O poder coercitivo puro seria uma influência unidirecional; a purgação visa a lidar com o fato de que a pessoa reage. A tentativa de o sujeito se desvincular purificando a si mesmo é um fenômeno universal; tanto aparece nas situações mais complicadas quanto nas mais simples. Eis um exemplo complicado e notório.

Em conseqüência de uma viagem feita por André Gide à Inglaterra em companhia de um rapaz de dezessete anos, a mulher do escritor, Madeleine, queimou todas as cartas que ele lhe havia escrito — cerca de duas mil cartas, que abarcavam toda a juventude e maturidade de Gide. "Eu confiara àquelas cartas tudo o que havia de melhor em mim", escreveu ele em seu *Diário íntimo*:

> (...) não se tratava exatamente de cartas de amor; a efusividade me é repugnante, e ela nunca teria suportado ser elogiada (...), mas, nelas, a trama de minha vida fora tecida diante de seus olhos, pouco a pouco, dia após dia.

Três dias depois de dizer a Gide que havia queimado o registro da vida do marido, Madeleine Gide também lhe disse:

> Depois que partiste, quando me vi outra vez inteiramente só naquela enorme casa que estavas abandonando, sem uma só pessoa em quem pudesse me apoiar, já não sabendo o que fazer nem o que seria de mim, (...) queimei tuas cartas, para ter algo que fazer. Antes de destruí-las, eu as reli, uma por uma (...). Eram a coisa mais preciosa que eu tinha no mundo.

A afirmação de que ela havia destruído o que tinha de mais precioso capta a essência da purgação. Nem no saber antropológico nem no psicológico esta aparece como um paralelo dos purgativos físicos da medicina moderna. O ato não é de alívio da dor, mas de inflição de uma dor contínua a si mesmo, a fim de que algo destrutivo, ainda que prazeroso para o ser humano, possa ser expelido. Nos ritos de passagem da Nova Guiné, as provas de coragem a que o adolescente se submete servem para lhe ensinar que ele não sobreviverá se continuar a usufruir dos prazeres fáceis que conheceu na infância. Para Madeleine Gide, proteger e cuidar de André Gide fora um papel e uma fonte de prazer materno desde a infância; queimar a correspondência dele foi um ato apropriado para

AUTORIDADE

187

eliminar de sua vida esse prazer. Gide declarou ter-lhe escrito constantemente, sempre que os dois estavam afastados, e eles se conheciam desde crianças.

Na véspera da viagem de Gide à Inglaterra com seu jovem amiguinho, em 1918, Madeleine Gide escreveu ao marido a seguinte carta (cuja data foi finalmente estabelecida por Jean Schlumberger; grafei uma frase em itálico):

Querido André,

Estás errado. Não tenho dúvidas quanto a tua afeição. E, ainda que as tivesses, nada teria de que me queixar. Meu quinhão foi generoso: tive o melhor de tua alma, a ternura de tua infância e tua mocidade. (...) Sempre compreendi, além disso, tua necessidade de mudar de um lugar para outro, tua carência de liberdade. Quantas vezes, em teus acessos de angústia nervosa — o preço que pagas por tua genialidade —, estas palavras me estiveram na ponta da língua: *"Mas, querido, parte, vai-te embora, estás livre, não existe porta na gaiola, nada te prende aqui (...)."* O que me aflige — e sabes disso sem que eu tenha que dizê-lo — é a estrada que estás trilhando, e que levará a ti e a outros à perdição. Mais uma vez, acredita que não te estou dizendo isso com nenhum sentimento de condenação. Apiedo-me tanto de ti quanto te amo (...).

Esse caso amoroso específico, entretanto, revelou-se um ponto de ruptura, em parte porque o rapaz implicado não era um recém-chegado na vida adulta de Gide, mas um jovem cuja família estava intimamente ligada ao passado de ambos. Marc Allègret era filho do missionário protestante Elie Allègret. Elie Allègret, nas palavras de David Littlejohn, "ajudara a preparar o jovem André para sua primeira comunhão, em 1886, fora seu padrinho de casamento em 1895 e, mais tarde, confiara seus filhos, especialmente Marc, à tutela de Gide". Nessas circunstâncias, Madeleine Gide, protestante devota, chegou a um ponto limite em sua tolerância para com os casos amorosos do marido. Quando a viagem de Gide estava chegando ao fim, ela deu início ao processo de ler e destruir suas cartas.

A conseqüência desse ato não foi a destruição do casamento, ou sequer de sua aparência externa de estabilidade. Antes, a legitimidade das demandas de consolo e apoio de Gide perdeu-se em sua mente. Ele deixou de ser O Artista a quem tudo era permitido em nome de sua genialidade. A vida dupla que André Gide tinha levado até então, convém dizer, não era um idílio para ele; o casamento sem sexo o fazia sentir-se frágil e, mesmo ao buscar o consolo de sua mulher e a presença dela como refúgio, o escritor sentia-se vivendo uma mentira. Para Madeleine Gide, o rompimento também foi esclarecedor: "quebrou o encanto", segundo comentou ela, tempos depois. Madeleine retirou seu interesse das lutas criativas de Gide, nunca mais leu outro de seus livros e se dedicou à vida no campo e às questões religiosas que lhe haviam interessado desde a mocidade.

A estrutura dessa purgação talvez pareça seu aspecto mais bizarro, com Madeleine Gide relendo cada carta que iria queimar. Porém é a estrutura desse ato ritualístico que nos liga a outras experiências mais corriqueiras do mesmo tipo. Algo se dá a conhecer, faz-se presente na consciência, torna a ser sentido e, em seguida, é destruído. A outra pessoa não é aniquilada; Madeleine Gide não pensou em deixar o marido nem em humilhá-lo. Somente os fetiches de seu envolvimento foram destruídos.

Essa estrutura assemelha-se a um componente da máscara; seu objetivo também é servir de meio para romper o envolvimento, em vez de declarar guerra. Tanto a máscara quanto a purgação constituem recursos heurísticos numa crise de autoridade, ou seja, instrumentos de auto-ensinamento. O psicanalista Ernest Schachtel procurou caracterizar a universalidade desses recursos, dizendo que eles são instrumentos para a "saída da inserção". O que pretendeu dizer com essa expressão é que a pessoa tem que ensinar a si mesma que o que existe não é um dado definitivo; nada está permanentemente inserido. O que interessa a Schachtel é o corpo humano *per se*. O corpo cresce e se deteriora, mas, num dado momento, as pessoas agem como se seu estado orgânico fosse estável: elas *são* crianças ou *são* adultos. O sentimento de ser uma criatura em estado contínuo de metamorfose é, na opinião de Schachtel, um *insight* humano difícil; em termos psicológicos, sentimo-nos mais seguros ao imaginar que nosso estado atual é a essência de nós mesmos. Por essa razão, qualquer instrumento que nos retire do sentimento de inserção é um dispositivo que nos causa dor, lança-nos nas angústias da fluidez e, não por acaso, obriga-nos a enfrentar a realidade biológica.

Essa percepção psicanalítica está relacionada com o campo da autoridade. Valéry expressou-a de uma certa maneira, ao dizer que todo governante sabe como é frágil a autoridade dos governantes — exceto a dele mesmo. O conceito de inserção tem um sentido bem diferente para os que lhes estão submetidos. De fato, eles podem continuar a ser servos pela vida afora, atendendo a um conjunto sempre mutável de senhores. Para romper com sua servidão, têm que romper com o sentido de que é natural serem servos. Essa ruptura exige uma operação delicada, que é a purgação dolorosa de antigos laços de apego ou uma busca de proteção contra a influência do superior, para que ambos os lados — a dominação e a servidão — possam ser discernidos e pesados na balança.

Essa operação delicada de desvinculação é a maneira como se iniciam todas as crises de autoridade. O que distingue a desvinculação do jovem Gosse ou de Madeleine Gide das negações da srta. Bowen ou da mentalidade apocàlíptica de um Saint-Just é que o primeiro passo é o reconhecimento da simples ponderação da autoridade. Seja qual for a impressão causada pela autoridade de outra pessoa, essa impressão é profunda e não pode ser apagada apenas por um ato libertário de vontade.

A Vítima

Uma vez ocorrido o reconhecimento da ponderação da autoridade, a questão mais importante a ser enfrentada pela pessoa é saber exatamente de que modo a autoridade a fazia agir. A visão mental dessa influência costuma ser deprimente: coisas humilhantes que foram feitas para conquistar a aprovação ou despertar a atenção da autoridade, mágoas que foram em parte infligidas pelo superior, em parte auto-infligidas pela pessoa. Trata-se de uma paisagem em que o sujeito avulta como vítima.

Muitas vezes, essa primeira imagem de si mesmo como vítima é a que permanece. Os pais, patrões ou amantes entram em foco como figuras que nos magoam, ou, pior ainda, que nos fazem magoar a nós mesmos. No plano social, essa imagem foi transmitida por Marx com precisão, se bem que de maneira brutal, na idéia do *Lumpenproletariat*: refugiados em suas tabernas, os oprimidos falam do fardo de seu sofrimento, sentem-no como um destino maléfico e desistem. Não há nada a fazer; induzir resignação ao "destino" é a arma suprema dos senhores. As histórias notáveis de *In a*

AUTORIDADE   191

Free State [*Num Estado livre*], de V. S. Naipaul, retratam o espírito do *Lumpenproletariat* espalhado por uma sociedade inteira, tanto entre ricos quanto entre pobres. Contudo, embora a maioria das vítimas constrangidas conte histórias verdadeiras, elas não contam o bastante. As pessoas também podem trabalhar essa imagem, para que ela se recomponha no tempo. Em algum momento, o sujeito pode vir a parecer a si mesmo mais do que a vítima de outrem. A vantagem é que as figuras de autoridade, apesar de continuarem a ser vistas como pessoas capazes de prejudicar, passam a não ser mais consideradas onipotentes em sua capacidade de infligir dor.

A recomposição dessa paisagem ocorre, quando isso se dá, pela experiência de um simples mecanismo psicológico de reconhecimento. Nos sonhos dos pais jovens, vez por outra aparece a seguinte cena: o pai ou mãe vê-se como bebê e como adulto; a mãe pode imaginar-se num berço, mas, ao contrário de seu bebê, tem tamanho normal e seus membros saem pela grade do berço, enquanto o tronco preenche todo o espaço interno. Ou então, o pai se imagina vestindo roupas minúsculas, sapatos que lhe apertam os pés e suéteres que lhe sufocam a garganta. Nas experiências mais comuns de vigília paralelas a tais sonhos, o jovem genitor, ao ver pela primeira vez seu filho tropeçar e chorar, imagina que a criança esteja numa aflição muito maior do que ela de fato está; imagina o tombo em termos de um adulto que se ferisse na cabeça.

Essas justaposições são exemplos de um processo que chamarei de "redobramento". Trata-se da identificação parcial do sujeito com outra pessoa, imaginando o que ela experimentaria, mas conservando os atributos de seu próprio corpo, sua idade e sua força. O redobramento implica mais a empatia do que a simpatia. Essa distinção, tal como formulada por Richard

Wollheim, é a diferença entre dizer "Sei como é isso" e "Sinto por você". A empatia requer uma certa investigação sobre a vida do outro, enquanto a simpatia é mais discreta, constituindo uma expressão de interesse sem que haja, necessariamente, uma tentativa de compreender. A imaginação empática também difere da criação de um *Doppelgänger*, de duas versões de si mesmo; trata-se, antes, do próprio sujeito imaginado no corpo ou na situação de outro.

Os sonhos de redobramento dos pais são atos empáticos de pessoas que adquiriram em data recente o poder sobre a vida de outros seres humanos. O redobramento atende ao objetivo de compreender o que significarão para o filho os controles que o genitor pode exercer: como é estar confinado ao berço, ser vestido por outra pessoa, ou chorar em vez de falar, quando se precisa de alguma coisa? O redobramento é uma forma de iniciação, através da fantasia, num novo contexto de poder.

Esse processo de reconhecer o que outra pessoa sente pode ressurgir quando um esquema de autoridade estabelecido entre adultos é questionado. Em particular, aparece como um modo de imaginar como seria alguém, antes considerado uma autoridade, depois de o sujeito haver-lhe retirado os véus de segurança e força em que ele antes ficava envolto. Que tipo de influência exercia essa autoridade?

Talvez a documentação mais rica desse uso do redobramento apareça numa carta escrita por Franz Kafka a seu pai em novembro de 1919, uma carta em que Kafka expôs as questões da luta permanente que havia entre os dois. O manuscrito tem duas partes. Na primeira, há quarenta e cinco páginas datilografadas. Nelas, Kafka dirige-se diretamente ao pai, explicando, de seu ponto de vista, por que o relacionamento dos

AUTORIDADE

dois foi tão lamentável. Depois, Kafka duplica a matéria. São duas páginas e meia manuscritas, acrescentadas por ele, em que o escritor imagina qual seria a reação do pai. Por fim, há um último parágrafo manuscrito que constitui a resposta de Kafka a essa reação imaginada. Depois de concluir a carta, Kafka a deu a sua mãe para que ela a entregasse ao pai; a mãe se recusou a fazê-lo e devolveu a carta ao filho. (Não se sabe se a leu ou não.)

O corpo datilografado da carta é um exemplo de manipulação vigorosa e sutil. *Herr* Kafka era o tipo errado de pai para o filho, e Franz Kafka estava fadado a ser o tipo errado de filho para o pai. Em conseqüência disso, Franz tornara-se uma vítima, igualmente torturado pela rispidez paterna e pelo sentimento de suas próprias deficiências. No final manuscrito da carta, ele tentou imaginar o comentário que o velho Kafka teceria sobre o filho como vítima. No corpo do texto, a autoridade é percebida em termos da substituição idealizada: o que cada um de nós precisa é do oposto de você e eu. No fim da carta, a substituição idealizada é transcendida.

O exemplo mais vívido que Kafka fornece de sua vitimação pelo pai é o seguinte castigo infantil (o *pavlatche* mencionado no incidente é uma sacada construída no segundo andar, em torno do pátio interno das casas tradicionais do Leste europeu):

Há apenas um episódio dos primeiros anos do qual tenho uma lembrança direta. Talvez o senhor também se recorde. Uma noite, eu choramingava insistentemente pedindo água, decerto não por estar com sede e sim, o que é mais provável, um pouco para aborrecer, um pouco para me divertir. Depois que várias ameaças vigorosas não surtiram efeito, o senhor me tirou da cama, levou-me para o *pavlatche* e lá me deixou sozinho, de camisolão, durante algum tempo, com a porta fechada. Não direi que isso tenha sido um erro — talvez não houvesse mesmo outra maneira de conseguir paz e sossego naquela noite —, mas menciono o fato como típico de seus métodos de criação dos filhos e do efeito que eles surtiam em mim. Diria até que, a partir daí, fui muito obediente naquela época, mas seu gesto me causou um prejuízo interno. O que para mim era algo trivial — aquele pedido absurdo de água — e o pavor extraordinário de ser levado para o lado de fora foram duas coisas que, sendo minha natureza o que era, nunca pude ligar apropriadamente. Mesmo anos depois, eu sofria com a torturante fantasia de que aquele homem imenso, meu pai, a autoridade suprema, apareceria e, quase sem nenhuma razão, me tiraria da cama de madrugada e me levaria para o *pavlatche* — e isso significava que eu era um mero nada para ele.

Essa lembrança tem a seguinte estrutura. Primeiro, existe a descrição kafkiana de si mesmo "choramingando por água", num artifício para atrair a atenção dos pais. Kafka pinta-se com cores maldosas no que constitui, afinal, o mais comum dos estratagemas infantis para obter atenção. Depois, existe a resposta — uma reação catastroficamente exagerada. O pai põe o menino na sacada, do lado de fora, vestido apenas de camisolão (na época, esses camisolões eram de fino algodão indiano), e fecha a porta. Kafka dá a punhalada certa com o comentário que se segue a essa descrição do episódio: "Não direi que isso tenha sido um erro (...), mas menciono o fato como típico de seus métodos de criação dos filhos e do efeito que eles surtiam em mim." Aí está o perdão, que coloca o filho numa posição superior à do pai, seguido pela observação de que aquilo era "típico de seus métodos de criação dos filhos". A simples explicação desse "exemplo" ao pai é a razão por que Kafka diz querer "mencionar" esse pequeno incidente.

AUTORIDADE

Havendo estabelecido sua superioridade através da compreensão caridosa, Kafka está pronto para dizer que o pai era monstruoso e, ele próprio, uma vítima inocente. Na condição de criança, ele não pudera compreender a ligação existente entre "aquele pedido absurdo de água" e o "pavor extraordinário" de ser fechado ao relento, no frio. Kafka parece entender isso como algo que estaria errado nele próprio — "sendo minha natureza o que era" —, mas, afinal, que criança seria capaz de vincular essas coisas? Que injustiça um pai achar que essa era uma boa disciplina! E, para deixar claro o horror do ato paterno para ele, Kafka lhe diz o quanto tal incidente o prejudicou: ele sofreu durante "anos depois". Esse sofrimento tinha dois componentes. Primeiro, o pai, "autoridade suprema", apareceria durante a madrugada e o magoaria "sem nenhuma razão". Trata-se de uma afirmação complicada, é claro, já que o começo da lembrança é a declaração do autor sobre sua traquinagem maldosa. Mas, afinal, não se trata de uma confissão verdadeira: eu era malvado na aparência; no fundo, você é que era realmente cruel. A segunda parte dessa antiga mágoa é que o ato do pai "significava que eu era um mero nada para ele". A punição severa equivale ao desamor paterno por ele.

Você não podia fazer outra coisa, mas me fez sofrer muito. É assim que a vítima exibe suas feridas, para protestar contra o torturador. Diga-me você o que disser, eu o perdôo — mas o fato é que sofri muito. Além disso, sou tão fraco.

No trecho manuscrito, Kafka se empenha em testar essa postura. Apesar das aparências, coloca seu pai dizendo: "Você não torna as coisas mais difíceis para si mesmo, porém muito mais lucrativas." O termo "lucrativas" (*einträglich*) é interessante. Uma das imagens kafkianas do pai é a de um homem que batalhara para sair da pobreza e chegar a uma vida de classe média, mas conservara toda a grosseria de um mascate, continuamente obcecado pelo dinheiro. No campo dos sentimentos delicados, talvez o filho também soubesse tirar um bom lucro. É o que explicita o pai imaginário de Kafka: "Você quer ser 'excepcionalmente esperto' e 'excepcionalmente afetuoso' ao mesmo tempo, além de me inocentar de qualquer culpa." Isso é um engodo, pois

> o que aparece nas entrelinhas, a despeito de todas as belas frases sobre o caráter, a natureza, o antagonismo e o desamparo, é que, na verdade, fui eu o agressor, enquanto tudo o que você fez foi em defesa própria.

Depois disso, o pai imaginário de Kafka fica apto a denunciar o jogo de poder do próprio filho. O filho finge,

> por pura magnanimidade, estar disposto não apenas a me perdoar, mas ainda (o que tanto é mais quanto menos) a provar e a se dispor a acreditar que, contrariando a verdade, também não sou culpado.

O pai imaginário de Kafka não se dispõe a acolher essa falsa doçura — um sorriso meigo para esconder a dor, um sorriso cujo verdadeiro objetivo é cumulá-lo de culpa.

Esse jogo entre o que Kafka diz ao pai e a resposta imaginária deste é um dos modos pelos quais o processo psicológico do redobramento pode transcender um tipo específico de negação imobilizadora. A substituição idealizada sofre censura, por ter sido denunciada como uma arma na tentativa do jovem Kafka de fazer o velho Kafka sentir-se culpado:

AUTORIDADE

nenhum de nós é aquilo de que o outro precisa. Nessa substituição, o jovem Kafka vem a ser a vítima; também isso o redobramento critica. É importante assinalar que essa mudança é interna, é um momento hegeliano de reconhecimento. O servo encarrega-se de encenar uma batalha que não ocorreu na vida real, para aprender mentalmente com essa batalha.

Essa elaboração imaginária do poder é muito diferente da célebre afirmação desalentada de Rousseau, em *Nouvelle Héloïse*, sobre como ele procurou, na fantasia, fugir de um mundo recalcitrante de realidades:

> A impossibilidade de apreender as realidades lançou-me na terra das quimeras e, não vendo nada na vida que fosse digno do meu entusiasmo, busquei alimento para ele num mundo ideal, que minha fértil imaginação não tardou a povoar de seres feitos segundo ditava o meu coração.

O pai imaginário de Kafka não é um "ser feito segundo ditava o meu coração". Em geral, é fato que os atos de redobramento permitem que a hostilidade coexista por algum tempo com o discernimento dos possíveis sentimentos e percepções da outra pessoa. Aqui, a distinção entre empatia e simpatia torna a entrar em jogo. A simpatia pressupõe a boa vontade para com o outro. A empatia, não. Ela se origina num desejo de ver mais plenamente do que se viu, ao usar imagens fixas do passado.

Quais são as conseqüências desse ato empático? Na carta que Kafka escreve ao pai, a conseqüência mais óbvia é que o escritor se livra de alimentar suas próprias mágoas. Porém há algo mais. O último parágrafo de todo o manuscrito é a ten-

198 RICHARD SENNETT

tativa kafkiana de elaborar o sentido do que disse o pai imaginário. O texto é assim:

> Minha resposta a isso é que, afinal, toda essa réplica — que também pode, em parte, voltar-se contra o senhor — não vem do senhor, mas de mim. Nem mesmo sua desconfiança dos outros é tão grande quanto minha desconfiança de mim mesmo, que o senhor originou em mim. Não nego que haja uma certa justificativa para essa réplica, que em si contribui com um novo material para caracterizar nosso relacionamento. Naturalmente, as coisas não podem encaixar-se na realidade como se encaixam as provas em minha carta; a vida é mais do que um quebra-cabeça chinês. Mas, com a correção feita por essa réplica — uma correção que não posso nem quero elaborar em detalhe —, conseguiu-se, em minha opinião, algo suficientemente próximo da verdade para tranqüilizar-nos um pouco a ambos e facilitar nossa vida e nossa morte.
>
> Franz

O primeiro terço desse parágrafo ecoa novamente o jogo de Kafka: "Nem mesmo sua desconfiança dos outros [isto é, de mim] é tão grande quanto minha desconfiança de mim mesmo, que o senhor originou em mim." Estou ferido; a culpa é sua. Em seguida, a visão se modula, não se transformando em perdão, mas em distância, objetividade. O pai imaginário "contribui com um novo material" para a relação efetiva entre pai e filho. Depois, Kafka faz uma afirmação desprovida de culpa ou orgulho: "conseguiu-se, em minha opinião, algo suficientemente próximo da verdade para tranqüilizar-nos um pouco a ambos (...)." Está concluído o trabalho da carta: mesmo continuando o pai e o filho a serem antagonistas e manipuladores

AUTORIDADE

um do outro, agora, graças a essa carta, eles têm uma imagem de sua vida, algo que está fora do círculo da recriminação.

Isso se relaciona com a idéia hegeliana de que não existe liberdade antes do fim, antes de todas as etapas da negação terem sido elaboradas. Na carta de Kafka aparecem as árias iniciais da ofensa, da acusação e do perdão, a réplica redobrada e, por sua vez, a resposta a um pai cuja fala franca tem que ser imaginada. Na conclusão desse processo, Kafka dá um passo atrás e fala com segurança sobre compreender a relação. Essa voz é muito mais forte que a voz do início da carta, uma voz cujo único poder reside em sua capacidade de despertar culpa.

O *status* moral da vítima nunca foi maior ou mais perigoso do que agora. Na teologia cristã, Cristo foi vítima do homem, mas não foi enobrecido por Seu sofrimento. Ele é um deus, não um herói. Por exemplo, no quadro *Flagelação*, de Piero della Francesca, que se encontra em Urbino, a flagelação de Cristo nos é apresentada na metade esquerda da tela, enquanto um grupo de cavalheiros renascentistas, à direita, mostra-se inteiramente despreocupado com Seu sofrimento. Assim como Ele não é enobrecido, esses personagens não são humanamente diminuídos por sua indiferença; estão espiritualmente decaídos. De modo similar, os pobres deste mundo não são heróis; eles sofrem e serão redimidos. Seus opressores não são monstros, mas apenas humanos. À medida que essa idéia cristã da vítima não heróica começou a desaparecer, durante o Iluminismo, nasceu uma nova imagem dos sofredores: a capacidade de sofrer é um sinal da coragem humana; as massas são heróicas; seu sofrimento é a melhor medida da injustiça social. Aqueles que as oprimem não devem ser objeto de piedade, uma piedade que, afinal, é devida a toda a humanidade por sua queda do estado de graça; os opressores seculares são, simplesmente, um inimigo a ser destruído.

Enobrecer o sofrimento foi o alicerce moral do romantismo: o artista que sofria em meio a uma horda vulgar, os pobres que sofriam nas mãos dos insensíveis. Na política, esse enaltecimento da vítima foi um convite a um determinado grupo de insultos. Estendia-se simpatia à vítima pela situação, mas não como pessoa; se ela melhorasse suas condições materiais ou subisse na escala social, perderia seus direitos morais: seria uma "traidora da classe". Se sofresse nas mãos da sociedade, mas se contentasse com seu destino, faltar-lhe-ia uma verdadeira consciência de si. Muito mais difundida do que esses casos especiais foi a idéia — que floresceu na era romântica e continua forte até hoje — de que nenhuma pessoa é moralmente legítima, a menos que sofra. A origem da legitimidade através do sofrimento encontra-se, em última instância, num dano infligido por outra pessoa ou pelo "meio". Na vida contemporânea, essa idéia da legitimidade moral encontra expressão, por exemplo, nos textos recentes de R. D. Laing. Na visão de Laing, o esquizofrênico, em virtude do sofrimento, sabe de verdades sobre a psique que ninguém mais conhece; a causa do sofrimento é uma sociedade esquizofrenogênica. Essa idéia encontra outra expressão nos recentes textos maoístas de Jean-Paul Sartre. Somente o trabalhador tem direito à "hegemonia moral", porque só ele fica exposto aos "terrores" do capitalismo avançado.

Enobrecer a vítima desvaloriza a vida burguesa comum. "Comparado a alguém do Harlem..." — mas não estamos morando no Harlem. A moral burguesa transforma-se numa moral do sucedâneo: a burguesia defende as causas dos oprimidos, fala em nome daqueles que não podem falar por si. Essa tendência a viver dos oprimidos, para ter o sentimento de um

AUTORIDADE

objetivo moral próprio, é um jogo traiçoeiro. Mesmo que se rejeite a vida de um Saint-Just, que usou o sofrimento dos infelizes como pretexto para sua própria ânsia de poder, comete-se o mesmo pecado, de certo modo, ao tomar os oprimidos por "modelos", por pessoas que "realmente" enfrentam a vida, pessoas mais sólidas e substanciais do que o próprio sujeito. Isso é canibalismo psicológico. Acima de tudo, porém, o enobrecimento das vítimas significa que, na vida corriqueira da classe média, somos constantemente obrigados a ir em busca de alguma ofensa, alguma aflição, para justificar até mesmo a contemplação de questões de justiça, direito e habilitação em nossa vida. É difícil conceber uma reformulação das relações sociais sem contrastar as crenças sobre o que deve ser feito contra as sombras da ofensa. A necessidade de legitimar as próprias crenças, em termos de uma ofensa ou um sofrimento a que se foi submetido, prende as pessoas cada vez mais às próprias ofensas. No trabalho psicoterápico, essa legitimação aparece continuamente: "o que eu preciso" é definido em termos de "o que me foi negado", de modo que o ato de compreender a negação, a natureza da mágoa, transforma-se em todo o foco de interesse.

A força para transcender o uso das ofensas sofridas como insígnias de honradez é o que aparece num documento como a carta de Kafka a seu pai. Trata-se de uma transcendência duramente conseguida, tanto em termos culturais quanto pessoais. As condições que alimentam essa força também são extraordinárias em termos culturais. Uma crise de autoridade é gerada por uma pessoa que sem dúvida sofreu nas mãos de uma autoridade — seu pai —, e o processo da crise é conduzido de tal modo que ela ganha forças para admitir sua necessidade, seu apego. Adquire uma força que parece paradoxal. Torna-se vulnerável mediante um ato imaginário de autocrítica. O fato de essa carta ser um documento tão inusitado é um comentário tanto sobre nós, seus leitores, quanto sobre seu autor.

Hegel fala na consciência infeliz como o momento em que uma pessoa reconhece o escravo e o senhor dentro de si: deixo de ser o "'pobrezinho de mim'", oprimido pelo mundo, e, de algum modo, torno-me também o reconhecimento de que o opressor está dentro de mim. Que tipo de opressor é esse, afinal?

No pensamento político clássico, a resposta a essa questão foi dada, muitas vezes, em termos da idéia da servidão voluntária. As pessoas são tímidas demais, desejosas demais do conforto rotineiro e ignorantes demais para prescindir de senhores; querem ser escravas para se sentir seguras. A preguiça é que constitui o senhor nos servos voluntários. Eis essa doutrina, tal como expressa pelo escritor político quinhentista La Boétie:

> (...) inúmeros homens, inúmeras aldeias, inúmeras cidades e inúmeras nações sofrem, às vezes, sob um único tirano, que não tem outro poder senão o que eles lhe conferem, e que não lhes poderia causar absolutamente nenhum dano, a menos que eles preferissem tolerá-lo a contradizê-lo (...), são os próprios habitantes, portanto, que permitem, ou melhor, acarretam sua própria servidão. Um povo se escraviza, degola-se, (...) consente em sua própria miséria, ou melhor, aparentemente a acolhe de braços abertos. (...) São os néscios e os covardes que não conseguem suportar as agruras nem defender seus direitos; detêm-se no mero anseio destes e, por timidez, perdem a coragem despertada pelo esforço de reivindicar seus direitos, embora o desejo de serem livres continue a fazer parte de sua natureza.

Além do princípio do prazer, de Freud, foi a culminação dessa escola de pensamento clássica: conquistar a liberdade significa abafar as vozes do prazer. Ao contrário dos cientistas sociais

AUTORIDADE

que acreditam no caráter criador de fantoches da socialização, essa escola atribui à humanidade um papel ativo na formação de sua própria vida; as pessoas buscam ativamente o prazer, à custa da liberdade.

Essa, sem dúvida, é uma idéia sombria da liberdade, que faz eco ao comentário nem tão irreverente de Oscar Wilde de que o problema do socialismo era que ele ocuparia noites demais. No entanto, seria possível dizermos que a srta. Bowen, o dr. Dodds e o Kafka da primeira parte da carta sentiam prazer ao participar de sua própria servidão? A srta. Bowen tentava tornar segura a sua dependência do pai, mas sua linguagem dificilmente seria a de uma pessoa segura e satisfeita. As regressões do dr. Dodds a uma raiva infantil e carente de seu patrão são repletas de dor, não de prazer.

O senhor interno dessas vítimas é um tirano bastante especial, que confere reconhecimento. Em sua mente, as vítimas fizeram um pacto secreto com ele. Esse amo as ferirá e, em virtude do sofrimento, elas estarão justificadas para exigir sua atenção, sua simpatia e sua consideração. O senhor externo verdadeiro não tem nenhum conhecimento desse pacto secreto; vê seus súditos como pessoas seduzidas por ele, e isso lhe basta. Mas o senhor criado pelas vítimas é alguém que irá escutá-las, se ao menos elas conseguirem justificar-se. E, quanto mais sondam seu sofrimento, mais justificadas elas ficam.

A experiência do dr. Dodds é um exemplo extremo da indiferença a que todos já estivemos sujeitos, ao lidar com "as autoridades" nas burocracias da previdência estatal, nas fábricas e nos escritórios: elas são surdas, não dão nenhum reconhecimento. O senhor especial, portanto, é uma figura compensatória, um desejo enraizado na experiência. Por ele passam as vozes da condescendência, da ironia ou do desinteresse vindas do mundo externo, mas agora, internamente, esses sofrimentos constituem uma demanda ao senhor. O pacto interno entre senhor e escravo não é um fenômeno psicológico hermético. As crianças presumem sua existência ao se servirem do choro de modo manipulador; os adultos presumem sua existência ao buscarem culpados. Mas um dirigente de fábrica convenientemente surdo tende a permanecer como tal quando seus empregados lhe dizem o quanto estão sofrendo. É provável que raciocine em termos de um remédio paliativo ou imediato — e por que não? Ele dificilmente admitiria o fato de seus empregados estarem fazendo as contas das razões para uma mudança fundamental em suas relações recíprocas, mudança esta que os empregados esperam conquistar com seu sofrimento. E, de qualquer modo, eles guardam segredo dessa expectativa maior. Ela é sua forma de se compensarem, embora deixe as vítimas ainda mais absortas nas desfeitas e infortúnios que fazem delas pessoas dignas.

A carta de Kafka é um exemplo de ruptura com os termos desse pacto secreto, mediante sua divulgação. E a moral da divulgação é clara: se as pessoas puderem concentrar-se em seu modo de reagir às ofensas como sendo o verdadeiro problema, ao menos deixarão de valorizar os danos sofridos e não conspirarão para seu próprio sofrimento.

O papel das instituições dominantes nessa conspiração é complexo. Por um lado, em termos culturais, as vítimas têm hoje um imenso prestígio moral. Ganham a atenção dos noticiários; dentre as pessoas que estão a seu encargo, os burocratas prestam muito mais atenção àquelas que verbalizam sua insatisfação do que às que não o fazem. Uma escola de pensamento social, representada na França por Alain Touraine e na

AUTORIDADE

Alemanha por Jürgen Habermas, sustenta que a atenção dedicada às vítimas da sociedade tem o efeito paradoxal de reforçar a autoridade moral dos dirigentes. As pessoas voltam-se para estes objetivando que eles cuidem dos problemas de que se queixam os sofredores; essa "mentalidade de crise" concentra a atenção nos dirigentes, nas pessoas que estão no topo, como sendo aquelas que podem e devem consertar as coisas. Por outro lado, as instituições e seus líderes só reagem superficialmente aos clamores de injúria: como podemos fazer para que isso doa menos? Mais dinheiro? Horários mais curtos? A mentalidade de crise desconhece a queixa, oculta e não verbalizada, de que há algo fundamentalmente errado. O sofrimento amesquinha-se num problema prático. Se ele for material, poderá literalmente ser resolvido. Enquanto isso, os servos continuam a fazer as contas em segredo.

A viagem proposta por Hegel é para eles. É uma saída desse mundo manipulável das desconsiderações e das mágoas materiais, um convite à entrada num período de reflexão sobre o que significa a natureza de ser ferido. E esse significado acaba instigando os servos a saberem mais sobre os senhores do que estes sabem sobre si mesmos — a saberem, em outras palavras, que os senhores não são pessoalmente responsáveis pelos males que causam. São tão prisioneiros das convenções sociais e das ficções imperativas da dominação quanto os que caem sob seu domínio. No momento em que os dirigentes não forem considerados pessoalmente responsáveis, nesse momento eles deixarão de estar no comando completo.

Foi essa viagem hegeliana que atraiu Marx; ela é o que há de radical no pensamento de Hegel, tanto em termos políticos quanto psicológicos. Psicologicamente, essa etapa da viagem pode levar as pessoas a sentirem empatia por aqueles que elas também sabem ter sido instrumentos na causação de sua dor. E, quando isso acontece, um poder fundamental percebido na pessoa da autoridade pode ser desfeito: o poder de inspirar medo. Enquanto a autoridade é percebida como fonte de sofrimento, ela é de fato poderosa e temível. Que acontece com a imagem da pessoa em posição de autoridade quando esse vínculo com o medo é rompido? Será que a autoridade torna-se inevitavelmente ilegítima?

A Legitimidade e o Medo da Autoridade

A autoridade pessoal não se baseia simplesmente em princípios abstratos do direito. Como vimos no primeiro capítulo deste ensaio, a legitimidade da autoridade pessoal provém de uma percepção de diferenças de força. A autoridade transmite e o subalterno percebe, portanto, a idéia de que há algo de inatingível no caráter dela. Há um poder, uma segurança ou um segredo, possuídos pela autoridade, que o subalterno não consegue desvendar. Essa diferença desperta medo e respeito. A combinação desses dois elementos foi captada pelo sentido inglês primitivo da palavra "terror" e pelo sentido francês primitivo da palavra "*terrible*". Hegel o expressou ao dizer que a autoridade é considerada legítima quando sua força faz dela um Outro, uma pessoa que habita um campo diferente da força.

A autoridade pessoal legítima é percebida como capaz de fazer duas coisas: julgar e tranqüilizar. Em virtude de seus poderes internos, ela sabe sobre o subalterno algo que ele próprio não sabe. Estamos lembrados de que os medos de ser desmascarado, denunciado ou exposto provêm da capacidade

AUTORIDADE

da autoridade de julgar os outros. Na civilização micênica, as autoridades supremas eram videntes — literalmente, os que "enxergavam internamente". Numa tribo dos ibos, o curandeiro pode julgar o estado espiritual do paciente porque, supostamente, consegue enxergar o interior do corpo. A coragem do chefe é uma norma que torna legítimo ele julgar a coragem de seus guerreiros. Pode compreender a coragem de seus homens, mas estes não podem entender a sua — *por definição*. Ele é o comandante. Essa definição arbitrária e convencional da força e da capacidade de julgamento que ela confere liga a autoridade, numa tribo africana, a uma vida social tão distante dela quanto as sutilezas da precedência hierárquica na corte de Luís XIV. A sociedade define classes, castas e tipos de diferença humana; essas convenções são vividas como verdades, e não como meros rótulos afixados a algo diferente, chamado "realidade".

Os poderes que fazem de uma autoridade um juiz também lhe possibilitam dar tranqüilidade. Ela é forte, é sábia e, portanto, pode proteger os outros. O *auctor* romano era, numa de suas acepções, o fornecedor de garantias; o princípio da proteção encarnava-se no contrato do *feudum* entre o senhor medieval e seus vassalos. Nas sociedades sem uma rígida estrutura de castas, a autoridade desempenha uma missão mais sutil de tranqüilização. Ela ratifica os outros, reassegurando-lhes que as atividades cotidianas exercidas por eles têm um significado maior. A sutileza está no fato de que sua simples presença é ratificadora, quer seus súditos sejam obedientes ou não. A srta. Bowen desafiava o pai, mas precisava dele como foco, como ponto de referência, para lhe dar o sentimento de que sua vida amorosa tinha uma ressonância que ia além dos homens com quem ela se envolvia.

No cerne desses poderes encontra-se a combinação de medo e respeito inspirada pela autoridade. Para reduzir o poder, é preciso perder o medo da autoridade. Mas, como é possível fazê-lo? Uma escola afirma que inspirar medo é a própria base da legitimação psicológica da autoridade.

Esse foi o tema dos famosos capítulos do *Príncipe*, de Maquiavel, em que o autor abordou a questão do que conviria mais ao príncipe: ser amado ou ser temido. Maquiavel acreditava que não podia haver autoridade pessoal sem que o medo predominasse. O príncipe a quem conviria inspirar medo seria aquele que houvesse derrubado uma dinastia estabelecida ou conquistado um novo território; ele tinha que transformar a força bruta em autoridade. A majestade desse novo governante dependeria de sua capacidade de criar para si a imagem pública de um ser superior e insondável, cujo desagrado seria feroz e cuja bondade seria imprevisível. O conquistador que arquitetasse essa imagem raramente teria que matar ou aprisionar seus súditos; ao ficar com medo, eles lhe prestariam obediência por vontade própria. Uma crise de autoridade que afrouxasse sob qualquer aspecto os vínculos do medo o destruiria por completo — como uma rachadura fatal, por menor que seja, num motor. Uma visão mais moderada perpassou a análise que Max Weber fez do governante carismático, outra figura que acede ao poder depois de derrubar regimes estabelecidos, seja como profeta religioso, seja como revolucionário. À medida que se reduz o medo inspirado por esse novo líder, sua autoridade pessoal diminui e é absorvida pela burocracia: Cristo transforma-se inevitavelmente na Igreja. Essa burocracia não passa de um tênue eco das paixões inspiradas pela autoridade pessoal, e no centro dessas paixões, segundo a concepção weberiana, encontra-se o medo reverente. Esse medo cria a alteridade essencial de uma autoridade.

Se é correto esse modo de pensar, há uma compensação entre a legitimidade psicológica da autoridade e a isenção de medo dos que lhe estão submetidos. Quanto menos se teme uma autoridade, menos respeito se tem por ela. Conquanto isso possa ser válido quer ao usurpador ou ao profeta religioso, não se sustenta como proposição geral. O medo é uma base precária para a criação de um respeito genuíno pelos pais. Em termos mais gerais, existem meios de perder o medo que não desgastam o respeito que se tem pela autoridade, mas realmente modificam a idéia que se faz de seus poderes: de como a autoridade deve proteger, tranqüilizar e julgar. É esse tipo de mudança que quero explicar.

Há um modo de perder o medo da autoridade calcado na bravata. Trata-se da negação completa, do simples insulto. Só que, nesse caso, o assunto é resolvido com tanta rapidez que não se corre risco algum: é o caso do empregado que imprime o negativo do patrão como seu ideal, ou o da srta. Bowen, dizendo que o pai não tem nenhum direito legítimo de dirigir sua vida amorosa, mas precisa cada vez mais dele. O ponto em que a validez de uma autoridade pode ser realmente testada é aquele em que algo diferente de um sim ou um não define a resposta.

Talvez pareça que um modo menos enganoso de perder o medo da autoridade consiste numa entrega mais ampla a um combate mortal com as autoridades. Não a uma rejeição ritualizada, mas à guerra aberta. Essa é a "teoria" psicológica — se assim quisermos chamá-la — de muitos grupos terroristas modernos. Supostamente, um ato de terrorismo contra a ordem estabelecida tem seu verdadeiro valor por extirpar o medo das autoridades; qualquer ato gratuito de violência tem sua lógica no fardo que retira do terrorista e de seu público:

não é preciso existir nada que possa ser violado. A grande afirmação dessa visão ocorre no discurso do niilista Bazarov a seu companheiro Arkady, em *Pais e filhos*, de Turgueniev; vejamos como termina esse discurso:

> Não foste feito para nosso tipo de vida dura, amarga e solitária; não és insolente, não és ofensivo, tudo o que tens é a audácia, o ardor da juventude, e isso não tem serventia em nosso ramo de atividade. Os de teu tipo, a pequena aristocracia, não conseguem ir além da humildade nobre, da indignação nobre, e isso é um disparate. Recusam-se a lutar, por exemplo, mas se consideram assustadores. Nós queremos combater. (...) Nossa poeira corroerá seus olhos e nossa terra lhes sujará as roupas; eles ainda não ascenderam ao nosso nível, ainda não conseguem parar de se admirar, gostam de castigar-se, e tudo isso nos enfada. Entrega-nos outros — são eles que queremos derrubar. És um bom sujeito, mas, apesar disso, não passas de um menino liberal frouxo e bem-criado.

Essa visão do que é o medo e de como se deve superá-lo parece-me não apenas uma psicologia malévola, mas de má qualidade. O medo das autoridades pregado por Bazarov implica empurrá-las para fora, transformá-las em figuras totalmente externas, sem despertar nenhum sentimento no sujeito — exceto a repulsa. Há uma maneira inversa de superar o medo da autoridade, uma maneira que eu diria ser não apenas mais eficaz, como também mais corajosa. Ela diz respeito ao processo de aceitação que Hegel chamou de consciência infeliz; tem a ver com trazer as imagens de autoridade para tão perto de si, olhá-las tão intensamente, que se perde o medo delas como seres misteriosos — um modo de ver a autoridade tão próxima que todos os traços de mistério são eliminados.

AUTORIDADE   211

À guisa de exemplo, penso nas famosas fotografias que Richard Avedon tirou de seu pai agonizante. O velho Avedon foi inicialmente fotografado antes do aparecimento da doença; é um homem confiante e jovial. As fotografias seguintes exibem suas maçãs do rosto a se descarnar, os olhos saltando das órbitas; o crânio parece encolher. Avedon sênior aparece de camisa e gravata na maioria das fotografias; o fim é assinalado pelo desaparecimento desses sinais de aptidão para enfrentar o mundo, e ele passa a usar um camisão de hospital. Não há nada de horripilante nessas fotografias; Avedon não pretende dramatizar a morte do pai nem esconder coisa alguma, mas apenas vê-la. E não tem medo de ver. O personagem de Turgueniev recusa-se a estabelecer vínculos; por trás de seu desdém ainda persiste o medo de que ele seja poluído pelo contato com o mundo. Não há nada desse medo de poluição nas fotografias de Avedon.

A relação entre o medo da autoridade e a poluição foi um tema que Mary Douglas explorou em *Purity and Danger* [*Pureza e perigo*]. Em algumas culturas, como a dos antigos hebreus, as autoridades decidiam o que era puro ou impuro para que todos comessem ou bebessem; noutras culturas, como a dos brâmanes hindus, somente os corpos das próprias autoridades eram puros, e ninguém mais podia partilhar ritualmente dessa pureza. Inversamente, um sacerdote podia ser declarado ilegítimo, se seus seguidores ingerissem um alimento que ele houvesse considerado impuro e não sofressem nenhum dano. Não havendo perigo, não havia autoridade; o sacerdote teria deixado de despertar um medo digno de crédito. As idéias ocidentais de revolta contra a autoridade assumem comumente a forma da prática de um ato impuro: por exemplo, os vitorianos referiam-se às filhas que tinham aventuras sexuais como "poluídas" e tratavam o homossexualismo entre os filhos varões como "contagioso".

O discurso de Bazarov nos chama a atenção para uma ligação particularmente obscura entre a autoridade e os temores da poluição. Menciona que a autoridade pode poluir moralmente os que ficam sob sua dominação. Esse medo da poluição moral é o de que as seduções da autoridade tornem a pessoa frouxa e dócil; é disso que Bazarov acusa Arkady. Ou então, o medo é que a influência da autoridade polua o senso de comportamento racional da pessoa. Nas partes de *A personalidade autoritária* escritas por Theodor Adorno, são também repetidamente apresentadas imagens de autoridades maléficas — os nazistas, os membros da Ku Klux Klan — que violam a mente de seus seguidores, os quais buscam desesperadamente algo absoluto e onipotente em que confiar, mas, longe da presença das autoridades nocivas, continuam a ser seres racionais. Essa ligação sombria entre a autoridade e a poluição significa que parece psicologicamente legítimo, sob a égide de um Hitler, fazer aquilo que, num canto da mente, as pessoas sabem ser política ou eticamente ilegítimo.

A receita de Hegel para essas ligações entre a autoridade e a poluição é radical. Os efeitos malévolos da autoridade só podem ser combatidos mediante a aproximação cada vez maior de uma autoridade. Quanto mais distante estiver esse personagem, mais ele inspira medo e reverência. Quanto mais perto chega a autoridade, menos onipotente ela parece. As fotografias de Avedon são uma tradução literal do que significa "perto". Psicologicamente, chegar "perto" de uma autoridade pode ser tão complexo quanto o ato empático do redobramento, ou tão simples quanto a descoberta por uma pessoa jovem, ao se tornar pai ou mãe, da razão por que seus pais impunham

AUTORIDADE

determinada regra. Ou pode ser uma busca persistente, na terapia, de fornecer razões para o comportamento de pais ou amantes que não se explicaram. Assim é a desmistificação da autoridade; as diferenças de força podem persistir, mas a autoridade é despojada da Alteridade — da força que parece misteriosa e insondável. Por não haver mais segredo, ela deixa de se separar de seus súditos por um abismo intransponível. É isso que Hegel pretende dizer com internalizar a autoridade, aproximar-se daquilo que continua diferente.

Eu gostaria de dar alguns exemplos comuns dessa perda do medo. Uma das contadoras descritas no Capítulo 1 tinha uma amante lésbica:

Ela: — [Ela é] de enlouquecer, muito passiva com as pequenas coisas, e é uma rocha com as coisas importantes.

Entrevistador: — Como assim, uma rocha?

Ela: — Ela tinha lá as suas razões e, sabe, isso me apavorava; eu não conseguia entender por que ela queria trocar de apartamento ou alterar nossas férias, mas sempre acabava cedendo, precisava ceder.

Entrevistador: — Por quê? Você tinha medo de que ela fosse embora?

Ela: — Não é bem isso; é que, quando ela se recusava a discutir comigo sobre a mudança de apartamento, por exemplo, parecia ter lá seus motivos, estar com a razão.

Entrevistador: — Clara, isso está me soando mal. E como foi que vocês resolveram o problema?

Ela: — Bem, é difícil explicar. Quero dizer, tínhamos discutido tudo sobre o apartamento um milhão de vezes, e sobre o dinheiro que eu ia receber da minha mãe, mas finalmente, bom, comecei a entender que ela estava com medo de que eu apresentasse razões válidas e estava preocupada, sabe, preocupada com a idéia de que não lhe restasse nada. Ou seja, lá estava eu com medo quando ela ficava em silêncio e, na verdade, ela estava com medo de mim. Então, foi isso que aconteceu. Quando entendi que ela não estava bancando a machona comigo, e eu morro de medo que me dêem uma de colhuda [gíria com o sentido de ser destratada por uma mulher agressiva], não tive tanto medo de que ela me esnobasse. Bem, enfim, o resultado final foi que eu fiquei mais boazinha, porém mais dura, sabe como é. Não me deixei ficar magoada e ressentida, mas fui mais firme com ela, e acho que assim resolvemos a questão.

Nesse exemplo, o silêncio criava distância e controle. A certa altura de uma briga séria com a amante, a contadora percebeu a razão desse silêncio. A linguagem usada por Clara para explicar essa percepção mostra que ela levou o conflito para sua órbita; a outra pessoa deixou de ser estranha e intimidante. No exemplo seguinte, ao contrário, uma mocinha precisou destruir uma explicação muito completa da razão por que vinha sendo controlada pelos pais e pelos médicos, em função de um problema de excesso de peso. Ela criou uma interrogação em seu relacionamento com essas figuras de autoridade, fez com que se calassem, e isso a tornou menos tímida ao lidar com elas.

Ela: — Como diz a minha ficha, eu peso 77 quilos.

Entrevistador: — E diz aqui que você tem 1,72m, está certo?

Ela: — Está. Eles dizem que [o meu corpo] tem um excesso de peso de uns 18 quilos. "Um enorme excesso de peso" (em tom de arremedo).

Entrevistador: — Quem são "eles"?

Ela: — Bom, meus pais e esses médicos especialistas em problemas de peso.

Entrevistador: — É uma expressão horrível, "enorme excesso de peso".

Ela: — É, eu detesto. Na verdade, eu agora me sinto mais ou menos bem com a minha aparência. Agora me sinto.

Entrevistador: — E antes, não se sentia?

Ela: — Olhe, eles me explicavam de cabo a rabo como o meu caso era sério. Fui a psiquiatras. A spas. Quanto mais me explicavam, pior eu me sentia (...), e o problema, quando se é uma criança gorda, é o seguinte: a gente está sempre tentando agradar as pessoas que dizem que há alguma coisa errada. A gente se sente péssima consigo mesma, mas não entende o que há de errado.

Entrevistador: — Estou admirado de que você consiga falar disso com tanta desenvoltura.

Ela: — Bem, quanto a meus pais, eles se amarravam nesses médicos de dieta, daí eu tive que dar um bocado de explicações. Mas o engraçado é que eu finquei pé e me recusei a ir, quando percebi que meus pais estavam tão confusos quanto eu.

Entrevistador: — Como assim?

Ela: — Olhe, eu não sabia por que era gorda nem por que isso era ruim, mas achava que eles sabiam. Quando vi que estavam tão perdidos quanto eu, pensei com meus botões: dane-se tudo, chega de dietas, não quero mais nada disso.

O que torna muito compreensíveis esses exemplos é o meio usado por essas pessoas. Elas tiveram que lutar para aprender o que acabaram sabendo sobre as autoridades. Em nossa cultura, parece natural lutar contra a autoridade para modificar a nossa natureza; em outras palavras, a autoridade parece ser fixa, como uma força estática. Contrastemos isso com o sentido autotransformador da autoridade na cultura ibo. Quando criança, o ibo não tem nenhuma autoridade, é apenas um súdito. Os ritos de passagem da adolescência imbuem na pessoa uma força igual à dos que antes eram seus protetores. Os pais deixam de inspirar o medo que despertavam na infância, mas nem por isso diminui a legitimidade dos mais velhos. Na verdade, ela se modifica. Sua nova forma são conselhos, em vez de ordens. Quando o adulto ibo conclui seu próprio ciclo parental, a autoridade torna a mudar; as lembranças do passado da tribo passam a ser sua fonte de influência. Essa é a autoridade "não inserida" por excelência: o que é a autoridade da pessoa depende das circunstâncias em sua vida. A autoridade existe, mas não numa forma inflexível. A autoridade ilegítima, numa sociedade tribal como essa, seria precisamente a tentativa de cristalizar as condições de dominação num molde único. Em outras palavras, a autoridade ilegítima se identificaria com a permanência.

Nossa sociedade não dispõe desses rituais organizados de iniciação que transformam a autoridade. Para nós é preciso reduzir o medo, aproximando-nos dela em episódios incômodos de ruptura. O mal-estar que o servo experimenta ao se aproximar é o que mede se o medo está sendo testado ou não. É claro que os conflitos podem levar as pessoas a endurecerem, fixando-se em posições rígidas. Mas, nos casos da contadora e da jovem obesa, ocorreu um processo inverso: o conflito transformou as combatentes. Ao contrário de Bazarov, elas assumiram um risco verdadeiro ao sentirem cada vez mais manifestações *sobre* a autoridade, e isso desarticulou seu medo.

AUTORIDADE

Em *The Functions of Social Conflict* [*As funções do conflito social*], Lewis Coser mostrou como certos tipos de conflito podem "integrar" as estruturas de personalidade. Tecnicamente, o que aconteceu no caso da contadora foi que ela teceu uma comparação entre seu próprio silêncio e o da amante; deixou de haver dois tipos de silêncio, um nascido da força, outro, do medo. Essa comparação, feita no decorrer de uma árdua batalha, levou-a a se recompor. A jovem obesa desconstruiu as explicações dadas pelos pais sobre seu problema de peso e isso lhe deu um certo incentivo; os pais estavam tão confusos quanto ela. Não houve rejeição em conseqüência de nenhum desses atos de rompimento com o medo; o resultado foi um sentimento de reciprocidade, e as pessoas envolvidas puderam articular suas necessidades com pessoas de quem se sentiam mais próximas. A amante continuou forte e os pais continuaram a ser pais, mas deixaram de ser presenças esmagadoras. O termo "integração" tem um paralelo com o que Hegel pretendeu dizer com o conceito de autoridade como matéria "interna", mas ele via esse estado interno como um conflito em si mesmo. Certamente, a carta que Kafka escreveu ao pai, as cartas que Madeleine Gide queimou e as fotografias tiradas por Avedon foram atos que causaram grande dor, embora possam ter reunido os elementos de personalidade necessários para enfrentar o problema da autoridade na vida de cada um. Por essa razão, a expressão hegeliana — "consciência infeliz" — é, provavelmente, a mais exata em termos descritivos.

O que Hegel chamava de evolução da consciência foi o que nos interessou até aqui. Os "dados" são as experiências íntimas de conflito. A transformação da autoridade através do conflito é uma possibilidade da vida íntima, nem mais, nem menos, porém é uma possibilidade com uma certa forma. Essa possibilidade é radicalmente incompatível com o modo como a autoridade se organiza publicamente hoje em dia. O paternalismo e a autonomia são uma apresentação da autoridade como modos de ser. Nenhuma história interna e nenhuma evolução são sugeridas nas imagens deles. Nunca se espera que os filhos de Pullman e de Stalin cresçam; talvez se espere que eles sejam maus ou desobedientes, mas tudo isso se situa num quadro de referência fixo.

A razão de sabermos da viagem de Hegel na vida íntima é que o crescimento e a decadência do corpo, bem como a evolução e o declínio da função parental, são forças inelutáveis, que transtornam as relações de autoridade estabelecidas. Existe ao menos a possibilidade de aprender com esses transtornos. Mas não existe nenhuma possibilidade similar em público. A contadora cuja experiência íntima descrevi vivia em dois mundos diferentes ao mesmo tempo: um mundo particular, no qual a autoridade se reformulou através do conflito produtivo, e um mundo público, no qual ela era estática e estava sujeita a uma negação também estática.

Quero ligar a viagem da consciência infeliz com a estrutura das instituições de grande porte. Essa ligação depende da qualidade e da forma de separação da autoridade que conseguimos realizar na vida pública. Criar uma ponte entre esses dois mundos não é uma questão de superpor os valores íntimos ao árduo mundo do poder. Podemos conhecer melhor a complexidade e a moral da autoridade na vida privada do que nossas instituições nos permitem conhecê-las na vida pública. Por que havemos de ser prisioneiros da simplicidade nas questões públicas? Só os interesses dos senhores serão atendidos, se não procurarmos fazer das complexidades de nossa consciência padrões da experiência coletiva.

5

Autoridade visível e legível

O trabalho da autoridade tem uma meta: converter o poder em imagens de força. Ao executá-lo, é comum as pessoas buscarem imagens claras e simples. Mas essa busca de imagens formais e nítidas da autoridade, apesar de sensata, é perigosa.

Uma das crenças mais repressoras que um tirano pode despertar é a de que tudo o que ele faz é claro e nítido: veja, o que eu faço é franco, tudo se encaixa, não há nada escondido. Em outras palavras, como pode você resistir a mim? O historiador Jacob Burckhardt falou dos tiranos da era moderna como "simplificadores brutais", e os regimes que julgamos autoritários combinam com essa fórmula; o Führer e o Duce foram encarnações do que é ser uma pessoa forte, mas não um líder competente da ordem legal do governo. Uma pessoa pode ser simples, clara e forte ao mesmo tempo, o que é impossível para uma grande burocracia. Apelando para as virtudes da simplicidade, os líderes autoritários tentam destroçar ou abandonar a máquina comum de governo, a fim de poderem governar unicamente pela força de sua personalidade. Eis um comentário muito pesaroso feito por Mussolini a um amigo, a propósito de suas lutas para "capinar o matagal":

Você nem pode imaginar o esforço que me custou a busca de um equilíbrio possível, no qual eu conseguisse evitar o choque das forças antagônicas que se acotovelavam lado a lado, invejosas e desconfiadas umas das outras: o governo, o partido, a monarquia, o Vaticano, o exército, as milícias, os prefeitos, os líderes partidários das províncias, os ministros (...).

Sou um homem forte, dizia Mussolini, porque não me deixo enredar nessas ervas daninhas. E vejamos o que disse Hitler, em *Mein Kampf*, sobre a virtude de uma imagem clara da autoridade:

Portanto, a primeira obrigação do novo movimento que se ergue sobre o campo da visão de mundo popular é certificar-se de que a concepção da natureza e da finalidade do Estado atinja um caráter uniforme e claro (...) logo, a precondição da existência de uma humanidade superior não é o Estado, mas a nação (...).

A contrapartida dessa figura que se ergueu do lodaçal "decadente" da burocracia foram as massas despertadas por Hitler. Mas na própria medida em que acreditou fervorosamente nele, a massa tornou-se apática às instituições, com toda a sua confusão e mesquinhez, que Hitler conseguiu transcender. A chave do sucesso dos regimes totalitários, como observou o analista político Juan Linz, consiste em instilar apatia em relação aos processos comuns de governo na mente dos cidadãos, em nome de uma ordem superior e mais evidente.

É esse, portanto, o perigo do desejo de imagens claras de força, um perigo que desconhece as fronteiras nacionais. Tampouco é possível que uma idéia mágica torne nítida a força, mas deixe as pessoas livres. A complexidade do poder só é minorada através de mentiras sobre o que ele é. No entanto, em sua origem, o impulso de esclarecer não é doentio. Na sociedade moderna, é um impulso racional e irresistível, porque as imagens dominantes de força são profundamente insatisfatórias. As promessas da força paternalista são enganosas e humilhantes: submetam-se e cuidarei de vocês; a maneira como irei fazê-lo fica a meu critério. A força da pessoa autônoma não oferece nenhum amparo: vocês precisam de mim, eu não preciso de vocês; submetam-se.

As crises íntimas da autoridade detalhadas no capítulo anterior são maneiras de as pessoas tentarem esclarecer as imagens de força sem perderem o senso da complexidade. A essência desse conhecimento íntimo é uma ligação entre a autoridade e o tempo. Ninguém é forte para sempre; os pais morrem, os filhos assumem seu lugar; o amor entre adultos não é um objeto sólido; a autoridade não é um estado do ser, mas um acontecimento no tempo, regido pelo ritmo do crescimento e da morte. Ter consciência da ligação entre a força e o tempo é saber que nenhuma autoridade é onipotente. Por exemplo, *O juramento dos Horácios*, de David,* retrata esse saber: o líder agonizante pede a seus seguidores que dêem continuidade ao trabalho de sua vida. A princípio, eles juram fazê-lo, mas depois descobrem que a mudança das circunstâncias torna impossível eternizar as verdades parentais. A dura verdade que Hegel tem a nos ensinar sobre esse conhecimento da falibilidade no âmbito público é quem irá adquiri-lo, e de que maneira. O servo precisa adquirir esse saber, e tem que adquiri-lo sozinho. O senhor é cegado por seu pró-

---

*Jacques Louis David (1748-1825), pintor francês que liderou a escola neoclássica, participou da Convenção como deputado e pintou, entre outras coisas, o admirável *Marat assassinado*, de 1793. O quadro citado no texto encontra-se no Museu do Louvre. (*N. da T.*)

prio poder; o prazer da dominação torna-o insensível demais para reconhecer que ela terá que chegar ao fim. Mesmo que o senhor fosse um santo abnegado, nenhuma pessoa seria capaz de entregar esse saber a outra como uma dádiva. O servo, portanto, tem que esclarecer em sua mente de que maneira se limita a força de outra pessoa. A recompensa por seus esforços consistirá em ele perder o medo da autoridade como onipotente, com o que poderá começar a se libertar.

A dificuldade de traduzir esse conhecimento íntimo para o campo político é que o tempo íntimo e o tempo cultural não são idênticos. Uma burocracia não cresce e morre com a cronologia inevitável do corpo. Tampouco é provável, para não dizer inevitável, que, no governo, os líderes caiam e o povo assuma seu lugar, tal como os pais morrem e seus filhos se tornam pais. Acima de tudo, a consciência pode ser poderosa no âmbito íntimo, mas permanece em aberto a questão da potência que ela pode ter como arma para os que são oprimidos pela fome, pela severidade das leis ou pela intimidação, quando se trata de pôr seus senhores na linha.

O conhecimento psicológico da força, portanto, não pode ser diretamente traduzido num programa político. Não obstante, ele sugere dois critérios de força, duas exigências passíveis de serem feitas ao sistema do poder público. Essas exigências podem perturbar a ordem pública, precisamente por estarem contra ela, por provirem de uma esfera da vida que é regida por um ritmo temporal diferente. Tais exigências são que as figuras de autoridade pública sejam legíveis e visíveis.

"Visíveis" significa que os que estão em posições de comando sejam explícitos a seu próprio respeito: mostrem com clareza o que podem e o que não podem fazer, sejam explícitos em suas promessas. "Legíveis" esclarece como se poderia

AUTORIDADE

produzir essa afirmação franca. Não se pode confiar em que uma pessoa em posição de poder seja seu próprio juiz e júri. Os súditos precisam decidir o que significa o poder; os servos têm que ler os atos dos senhores como se tentassem compreender um texto difícil. Dar ao poder essa legibilidade foi a meta de todas as lutas íntimas descritas no capítulo anterior. A leitura é sempre uma atividade reflexiva: expurgar, mascarar, criar empatia e perder o próprio medo são atos que os indivíduos praticam neles mesmos, para melhor enxergar e julgar as autoridades em sua vida.

O que pretendo examinar neste capítulo é como ocorrem as oportunidades para essa leitura na vida pública. Elas podem surgir quando a estrutura elementar do poder, a cadeia de comando, é rompida de determinadas maneiras. Meu objetivo é mostrar que a ruptura da cadeia de comando, através dessas maneiras especiais, não cria o caos nem destrói o sentimento de que há uma pessoa forte no comando, mas oferece aos súditos a oportunidade de negociar com seus governantes e de ver com mais clareza o que eles podem e não podem — devem e não devem — fazer. O resultado dessas rupturas é eliminar o caráter de onipotência das figuras de autoridade da cadeia de comando. Ligar a autoridade à desordem não é um mistério, é simplesmente levar a sério o ideal da democracia.

Todas as idéias de democracia que herdamos do século XVIII baseiam-se na concepção da autoridade visível e legível. Os cidadãos devem ler juntos; devem observar a situação da sociedade e discuti-la entre si. O resultado desse esforço comum é que os cidadãos conferem certos poderes aos líderes e os julgam em seu merecimento dessa confiança. As condições da confiança devem ser inteiramente visíveis; o líder, dizia Jefferson, pode usar o discernimento, mas não pode ser autorizado a guardar suas intenções para si. Além disso, a leitura do poder e a revisão de seus termos só ocorrem quando as pessoas rompem com os regimes que existiam previamente e que haviam começado a se arraigar. Os processos "normais" de votação e coisas semelhantes não servem. A idéia jeffersoniana de uma revolução a cada geração é bem conhecida; no pensamento democrático europeu do século XVIII, uma importância similar foi atribuída às convulsões periódicas, tidas como o momento em que o processo democrático revela-se mais forte; encontramos essa crença no abade Sieyès e em Holbach.*

A razão por que os democratas do Iluminismo acreditavam que as autoridades podiam ser legíveis e visíveis para o povo, e que a desordem periódica do poder seria suportável, era que esses pensadores tinham uma enorme confiança nos poderes racionais da raça humana. Fosse essa confiança justificada ou não, decerto é verdade que os democratas do Iluminismo minimizaram a dificuldade do trabalho de criar imagens de força. Os enigmas da complexidade do poder, a destrutividade recíproca das facções partidárias e a manipulação da confiança das massas, todos esses fenômenos foram tidos como domináveis, se a racionalidade intrínseca da humanidade pudesse libertar-se dos grilhões da sociedade presa às tradições. A censura feita por Madison a esses fiéis seculares, nos trechos que redigiu dos *Documentos federalistas*, foi que

---

*Emmanuel Joseph Sieyès (1748-1836), político francês que se celebrizou pelo panfleto *Que é o terceiro Estado?* Co-fundador do Clube dos Jacobinos, participou da Constituinte e da Convenção, foi membro do Diretório em 1799 e principal autor da Constituição do ano VIII; acusado de regicídio, teve que se exilar entre 1816 e 1830. Paul Henri Dietrich, barão de Holbach (1723-1789), filósofo francês de origem alemã, foi, como amigo de Diderot, um dos principais colaboradores da *Enciclopédia* e um ilustre representante do materialismo no século XVIII. (*N. da T.*)

AUTORIDADE

eles não tinham a menor idéia da simples dificuldade da democracia, tampouco da sociedade incomum e arriscada que se propunham fundar de um só golpe.

Nos dois séculos decorridos desde a época em que Madison escreveu, pudemos ver quão frágil é a visão de autoridade da democracia. Dizer que o povo é a fonte de toda autoridade informa muito pouco, no plano psicológico, sobre como se constitui essa autoridade: como é que, a partir dos atos de discussão e tomada recíproca de decisões, algumas pessoas são solicitadas a ser protetoras de outras, mas ficam proibidas de se transformar em seus senhores. Uma lei pode afirmar que isso ocorrerá, mas, o que o torna humanamente possível? A tolerância para com a desordem periódica contemplada pelos democratas iluministas — a rigor, seu imperativo — já não é exercida na lei nem na prática. Sociedades nominalmente livres e democráticas colocam-se, com freqüência, na situação paradoxal de usar meios repressivos para conter as perturbações, a fim de "salvar" a democracia.

Uma estrutura de poder receptiva aos que lhe estiverem submetidos, a discussão e a reformulação dos elos da cadeia de poder nos momentos de tensão, e pessoas fortes que despertem uma confiança limitada, tudo isso pode ser um sonho impossível e utópico, mas não é nada além de levar a sério os ideais que, da boca para fora, a maioria das sociedades do Ocidente afirma alimentar.

A Cadeia de Comando

O poder entre duas pessoas é a vontade de uma delas prevalecendo sobre a vontade da outra. No primeiro capítulo deste livro, observamos aspectos em que a simples obediência não é uma medida adequada do desequilíbrio da vontade. Uma pessoa como a srta. Bowen pode desobedecer aos pais, namorando rapazes negros, mas ser absolutamente dependente daquilo que sabe constituir a vontade parental em sua escolha de parceiros amorosos; ela desobedece, mas são eles que mandam. A fantasia do desaparecimento é uma negação que, similarmente, leva a vontade de uma pessoa a controlar a de outra, o mesmo acontecendo com a substituição idealizada.

A cadeia de comando é a estrutura mediante a qual esse desequilíbrio da vontade pode estender-se a milhares ou milhões de pessoas; é a arquitetura do poder. O princípio da construção é a reprodução: A controla B, B controla C fazendo suas as ordens de A, C controla D repetindo as ordens de B, e assim sucessivamente. A grande análise da cadeia de comando feita pelo general von Clausewitz (o adversário de Napoleão em Jena e na campanha russa de 1812-1813), *Sobre a guerra*, inicia-se com a famosa frase que liga a guerra a uma disputa de vontades: "A guerra nada mais é do que um duelo em larga escala." Essa "ampliação" ocorre através da arquitetura da cadeia de comando. A única coisa que diferencia a guerra das outras formas de poder é o uso da violência: "A guerra, portanto, é um ato de violência que pretende obrigar o adversário a fazer nossa vontade." Von Clausewitz tinha uma idéia muito clara de que a cadeia de comando não era uma simples reprodução, em cada elo, das ordens vindas de cima. A vontade do general predominava; para que ela fosse eficaz, era preciso conceder uma certa liberdade aos subordinados em campanha, no que dizia respeito aos aspectos particulares. Assim, toda a parte central de *Sobre a guerra* trata do que significa controlar outras pessoas nessa cadeia, mas sem descuidar de cada pequeno detalhe. Von Clausewitz observa:

> A ordem de batalha constante e a formação constante de guardas e postos avançados são métodos pelos quais um general ata não apenas as mãos de seus subordinados, como também, em certos casos, as dele mesmo.

O inadmissível seria os subordinados ficarem livres para interpretar os objetivos básicos e a concepção da estratégia do general; isso destruiria a cadeia de comando. O controle reside em a vontade do general determinar o todo.

É apropriado que a análise concisa e exata do que significa o poder numa cadeia de comando tenha sido escrita por um militar, pois é na guerra que essa cadeia tem suas origens históricas. Foi essa idéia que transformou em exércitos as tribos que lutavam espontaneamente, cara a cara. Na epopéia de Homero, vemos tribos e exércitos batalhando. Estes últimos são as forças da civilização. A cadeia de comando disciplinou a violência espontânea dos guerreiros; na mesma medida, trouxe para o primeiro plano um novo tipo de herói — o líder que domina os outros, não apenas em virtude de força física e coragem, mas também por sua capacidade racional de organizar a estratégia. A *História da Guerra do Peloponeso*, de Tucídides, mostra uma cisão que se abriu na cadeia de comando no mundo antigo: Esparta, onde o princípio era puro e universal e as vidas militar e civil eram indistinguíveis, e Atenas, onde os princípios do controle militar entravam em choque com as discussões e as incertezas do Estado civil democrático.

Historicamente, é rara a cadeia de comando pura, tal como a surgida no acampamento armado de Esparta. Mais comumente, existem nela pontos de ruptura, ou muitas cadeias diferentes que criam uma hierarquia social. O *feudum* da Idade Média era uma cadeia rompida. Havia, em princípio, uma linha descendente direta que ia dos reis ou dos grandes nobres, no topo da pirâmide, até o mais humilde vassalo; na prática, os contratos do feudo criavam uma colcha de retalhos de obrigações locais. O rei da Borgonha podia convocar todos os seus súditos — novamente, em princípio — em tempos de guerra; na prática, ele não podia promulgar leis tributárias para custear a guerra, se elas interferissem nas relações hereditárias locais de uma herdade. A Igreja e o Estado da Idade Média exemplificam a relação entre cadeias diferentes; elas se enroscavam uma na outra como uma corda, mas eram sempre separáveis em termos dos deveres, dos privilégios e das obrigações.

No mundo moderno, a cadeia de comando como arquitetura do poder tem tido uma relação incerta com o mercado. Em tese, o mercado não se constrói por diretrizes vindas de cima, mas pela concorrência entre antagonistas que estão em relativo pé de igualdade. O grande perigo, como percebeu Adam Smith, era que os vencedores dessa competição poderiam impor sua vantagem para destruir os adversários de uma vez por todas — e, com isso, destruir o próprio mercado. O advento de monopólios verticais e horizontais, cartéis e empresas governamentais é a personificação viva desse perigo; eles são cadeias de comando mais rígidas do que os mercados. Por outro lado, os cartéis do petróleo, as empresas multinacionais e as indústrias dirigidas pelo governo permitem

AUTORIDADE

que as forças de mercado atuem até certo ponto. Fazem-no quando o mercado ainda é capaz de gerar certos tipos de lucro; por exemplo, os cartéis do petróleo querem um mercado internacional aberto, para que o preço desse recurso escasso possa subir. Mas, quando a competição se acirra e os preços correm o risco de cair, o cartel exerce sua repressão. Smith não levava a sério a idéia de que os produtores poderiam facilmente cooperar para regular a escassez e, desse modo, manipular coerentemente o mercado; a oferta e a demanda lhe pareceram ter uma influência recíproca e igual. Graças a uma economia que von Clausewitz teria entendido perfeitamente, elas não têm.

Mesmo fora dessa economia mista, seria difícil comparar a arquitetura do poder em que vivemos a uma cadeia de comando compacta, seguindo o modelo espartano. Os espartanos conseguiram alcançar essa unidade vendo o mundo fora dos muros da cidade pelas lentes exaltadas da paranóia. O objetivo do poder era evidente: por toda parte havia e só podia haver inimigos. A legitimidade da cadeia de comando decorria dessa paranóia como uma dedução matemática. Mas, no mundo moderno, essa legitimidade é problemática. A própria realidade da combinação econômica internacional torna difícil convencer os empregadores de uma dada companhia de que eles estão empenhados numa luta de morte com seus competidores, e de que, portanto, os controles exercidos ao longo da cadeia são, incontestavelmente, do interesse de todos. Mesmo quando há uma causa real de paranóia — como entre as indústrias britânica e norte-americana do vestuário —, é difícil tornar os trabalhadores mais eficientes em termos de produtividade através de apelos espartanos.

As imagens de autoridade analisadas neste livro são um dos modos pelos quais as organizações modernas, públicas e privadas, capitalistas e socialistas, tentaram tornar a cadeia de comando internamente legítima. Esse é o estilo do universalismo — o que significa, simplesmente, que uma ordem ou um controle emitidos de cima têm validade universal na organização. Se algo é verdadeiro, crível ou realista quando o executivo chefe o diz, é igualmente verdadeiro até a base da cadeia. "Quero fazer o que for melhor para vocês", diz uma declaração de intenções paternalista, que é universal e transcende qualquer conjunto particular de fatos. A invocação da confiança do presidente Mao na futura revolução, a fim de justificar as quotas de grãos ou de aço num determinado mês, durante a Revolução Cultural, foi uma forma similar de universalismo; os ditos e a garantia das boas intenções podem ser interminavelmente repetidos ao passar de um escalão para outro.

As imagens da autoridade autônoma simples reproduzem-se de maneira diferente. A autonomia simples significa que o especialista só é compreendido por seus pares. Nenhum dos escalões inferiores sabe como questioná-lo. Os ditames das autoridades especializadas passam pela cadeia como aquilo que "elas" — as autoridades — decidiram ser o melhor. As imagens da autonomia complexa são reproduzidas da mesma maneira que as boas intenções. O fabricante britânico citado no Capítulo 3 estabeleceu um padrão de auto-suficiência passível de ser aplicado tanto a seu sócio mais íntimo quanto aos zeladores da fábrica. As qualificações não são a base material dessa auto-suficiência; a "atitude" o é. E a atitude, como as boas intenções, tem livre curso. É uma norma universal pela qual todos podem ser julgados, todos podem ser disciplinados e tudo pode ser explicado.

AUTORIDADE

Nas organizações modernas, o controle que há por trás de qualquer dessas imagens de autoridade costuma ser mascarado. O poder nu e cru chama a atenção, o que não acontece com a influência. Esse encobrimento do poder, embutido nas bases da ciência da administração no trabalho de Herbert Simon, também lubrifica os elos da cadeia de comando. Os memorandos e diretrizes racionalizam normas, recorrendo a imagens do saber especializado, à postura correta ou às boas intenções da empresa, mas nenhuma pessoa em particular é responsável por eles. Trata-se de textos com autores ausentes, que podem ser lidos e relidos em cada patamar da organização; seu sentido se repete por toda a cadeia de comando, visto que eles não têm uma origem visível e se aplicam à organização como um todo.

A eficácia do universalismo para legitimar a cadeia de comando foi corajosamente defendida por Lenin em seu panfleto *Um passo à frente, dois passos atrás*:

> O elo partidário deve fundamentar-se em regras formais, redigidas "burocraticamente" (do ponto de vista do intelectual desorganizado), cuja observância rigorosa é a única coisa capaz de garantir que sejamos protegidos do voluntarismo e dos caprichos do espírito de círculo [ou de claque, R.S.], dos métodos do círculo denominados "livre processo da luta ideológica".

Lenin preocupava-se com a possibilidade de haver uma deturpação democrática da cadeia de comando. O universalismo era um modo de prevenir isso. Quando um general, um líder partidário ou um industrial consegue lidar com universais, ele ganha uma espécie de onipotência. Não é que controle tudo nos menores detalhes, mas tudo acaba ficando sob seu controle, porque sua vontade se reproduz com a máxima exatidão possível por toda a cadeia de comando.

A questão que devemos examinar, portanto, é como esse universalismo pode ser solapado; a resposta parece estar, essencialmente, em perturbar o processo de reprodução. Mas a maneira de fazê-lo é discutível.

Rompendo a Cadeia de Comando

Existem estratégias libertárias para enfrentar uma cadeia de comando. A mais extremada foi a dos anarquistas espanhóis: acabar com ela. A mais benigna é a cooperação mútua entre os vários patamares da organização, segundo o modelo da cogestão da indústria na Alemanha Ocidental. Um terceiro caminho aceita a realidade da hierarquia, mas busca maneiras especiais de rompê-la periodicamente.

O sonho dos anarquistas espanhóis era uma sociedade sem hierarquia de poder. Essa crença estava ligada à confiança na possibilidade de viver espontaneamente — de trabalhar, lutar, refletir e procriar conforme se desejasse. Como não haveria hierarquia de poder, não haveria necessidade de autoridades nem de imagens de fortes e fracos. Se levada a sério como projeto de uma sociedade em evolução, a idéia da proibição absoluta da cadeia de comando seria realmente funesta. Fosse ela de fato levada a sério, ninguém jamais precisaria ter qualquer compromisso com outra pessoa; em vez da dominação social, ter-se-ia instaurado um eu onipotente, que só seria receptivo a seus próprios desejos. A estreiteza dessa concepção de vida foi captada

AUTORIDADE

por Giovanni Baldelli, em seu notável livro *Anarquismo social*, da seguinte maneira:

> A vida parece completamente sem sentido quando nada se considera dependente dela. Não ser pai nem mãe, autor ou originador de coisa alguma é sentir-se deslocado no mundo, inteiramente gratuito e supérfluo. É, na plena acepção da palavra, ser sem importância. Daí o anseio da maioria dos homens por alguma forma de autoridade, isto é, pelo reconhecimento de sua importância, pela justificação de sua existência.

Dito de outra maneira, uma lei férrea da espontaneidade tornaria banais quase todas as relações humanas.

Uma reação mais humana ao problema da dominação através da cadeia de comando são as idéias de cooperação e tomada mútua de decisões que animam os movimentos de co-gestão nos Estados Unidos (sobretudo no sindicato da indústria automobilística) e em várias indústrias da Europa. A co-gestão reconhece a necessidade elementar de uma cadeia de comando. Reconhece a necessidade de coordenação e das diferenças de aptidão e força humanas numa hierarquia. O que ela se recusa a aceitar é que o poder dos que estão em patamares superiores da escala seja reproduzido, em caráter absoluto, sobre os que estão nos patamares inferiores. Ao contrário, as decisões que afetam uma organização inteira devem ser co-determinados por representantes de todos os escalões: operários, direção e o público afetado pela organização.

Na Alemanha Ocidental, esse sistema foi legalmente previsto pelo Estado. Existe um conselho de operários (*Betriebsrat*) composto de representantes de todos os trabalhadores, com exclusão dos gerentes, cujos direitos são protegidos pela lei constitucional do trabalho (*Betriebsverfassungsgesetz*). Esse conselho lida com as questões sociais e com as condições internas de funcionamento na empresa. Por sua vez, fornece informações e sugestões ao principal órgão de co-gestão, o comitê econômico (*Wirtschaftsausschuss*), composto por representantes dos dirigentes e dos trabalhadores. Há também conselhos de supervisão (*Aufsichtsrat*), nas indústrias do carvão e do aço, que usam o princípio da co-gestão. O princípio desses arranjos, nas palavras da Federação dos Sindicatos da Alemanha Ocidental, é que "(...) em certos setores da economia, os empreendimentos autônomos funcionam no contexto de um sistema econômico de livre mercado".

A federação dos sindicatos reconhece que o projeto de co-gestão não se realizou em sua plenitude. Muitas decisões fundamentais continuam a ser tomadas pelos que estão no topo da cadeia de comando, com pouca interferência. Um ataque mais radical à co-gestão, feito por Helmut Schauer, afirma que esse sistema, na verdade, não é democrático:

> Nem os representantes diretamente eleitos do Conselho de Supervisão nem os indicados pelos sindicatos são seriamente passíveis de responsabilização e controle. A co-gestão meramente cria a ilusão de um controle popular por representantes eleitos. Na verdade, eles são muito independentes e se integram com facilidade nas funções existentes de direção.

Sejam quais forem os defeitos específicos do sistema da Alemanha Ocidental, existe um problema em todas as estratégias baseadas na co-gestão. Elas pressupõem a possibilidade de se chegar a arranjos mutuamente satisfatórios para fortes

AUTORIDADE

e fracos. A co-gestão busca um consenso que reduza o conflito e a tensão entre os fortes e os fracos, e que faça a cadeia de comando mais pacífica, tornando-a mais democrática. Assim, não surpreende que muitos defensores da co-gestão se irritem com resultados como os encontrados por Josip Obradovic, que, em 1965, conduziu um estudo minucioso da participação dos trabalhadores no processo decisório na Iugoslávia. Obradovic constatou que os trabalhadores que participavam de burocracias autogeridas eram muito mais alienados de seu trabalho do que os empregados de ambientes mais tradicionais. A razão disso é evidente. Os trabalhadores participantes estavam enfrentando as realidades da dominação embutidas em *qualquer* cadeia de comando, seja qual for sua ideologia, e esse confronto os perturbava. A co-gestão é uma empreitada valiosa e digna, mas evita trazer para o primeiro plano da discussão os conflitos irresolúveis na cadeia de comando. Muito se pode aprender, justamente, com a experiência periódica desses conflitos, descobrindo quais deles podem ocorrer por meio da terceira estratégia destinada a lidar com a dominação embutida na cadeia de comando.

Essa terceira estratégia visa confrontar abertamente o processo pelo qual o controle se reproduz, ao longo da cadeia, de A para B, para C e para D. O objetivo, na expressão desdenhosa de Lenin, é "deturpar democraticamente" esses controles, à medida que eles se reproduzirem de um escalão para outro. Pareceu-me útil pensar em como é possível deformar uma cadeia de comando, estabelecendo uma ligação com um conceito proveniente da estética — o conceito da imagem *en abyme*.

236 RICHARD SENNETT

Esse termo apareceu pela primeira vez, na estética moderna, no diário mantido por André Gide em 1892. Há uma anotação em que Gide comenta:

> Agrada-me encontrar, numa obra de arte, todo o tema do trabalho transposto para a escala de seus atributos. Nada esclarece melhor uma obra nem estabelece com mais clareza suas proporções. Assim, em alguns quadros de Memling ou Quentin Metsys, um pequeno espelho convexo reflete sombriamente o interior do aposento em que se situa a cena retratada.

Em seguida, ele busca um modo de rotular esse processo. A pequena imagem no espelho não é uma réplica exata da cena maior. O espelho convexo dos quadros de Memling altera a imagem que reflete, e Gide acredita que algo da mesma ordem acontece em seus próprios textos:

> O que eu queria em meus *Cadernos de notas*, em meu *Narciso* e em *A tentativa* era uma comparação com o processo da heráldica que consiste em colocar um segundo escudo dentro do primeiro: *en abyme*.

En abyme designa os reflexos que alteram as imagens por eles reproduzida.

Esse processo talvez pareça pouco mais do que um recurso preciosista, mas coube ao talento de Gide, em suas obras posteriores, ver suas dimensões morais. E se a imagem, idéia ou pessoa original for moralmente corrupta — será que o processo de pôr esse original *en abyme* revelará, na transmutação, a natureza dessa corrupção? Gide respondeu a essa pergunta, por exemplo, em *Os moedeiros falsos*. O bom burguês fica insatisfeito

AUTORIDADE

com as mentiras que lhe servem de princípios evidentes, ao ouvi-las repetidas, com modificações sutis, por outras pessoas; o pai finalmente apreende a perversidade de sua vida ao vê-la refletida em miniatura, purgada de qualquer capa de civilidade, nas pequenas crueldades do filho. O título desse romance é um guia exato de sua visão moral: as moedas dos falsificadores revelam a natureza vil do metal original.

O reflexo que não é exatamente o original tem uma dimensão tanto social quanto moral. *En abyme* sugere um método para se pensar em como a reprodução do poder pode ser desvirtuada. Tal método consiste em tratar os controles como proposições, em vez de axiomas, em cada escalão. Uma proposição pode ser validada, desmentida ou vista como verdadeira e falsa. Mas quando, a cada ponto de um elo, a validade e as implicações de uma norma têm que ser discutidas, inaugura-se uma ativa busca interpretativa do sentido do poder, da própria atividade de criação da autoridade. Não creio ser inevitável que, dada às pessoas a oportunidade de "deturpar democraticamente" os controles, elas criem necessariamente o caos; algumas normas, suposições e justificações podem passar perfeitamente intactas, ao serem refletidas cadeia abaixo. Mas, como existem interesses intrinsecamente diferentes entre os que comandam e os que servem, há uma grande probabilidade de que as questões principais não permaneçam intactas na transmissão.

É perfeitamente verdadeiro que não se pode obrigar as pessoas a fazerem aquilo que lhes poderia dar mais liberdade. Também é fato que a interpretação de fenômenos complexos leva tempo, é ineficiente e cria infelicidade e tensão. Esses são argumentos batidos contra o processo democrático. É simplesmente uma questão de enfrentar a realidade: quando de fato se acredita nos ideais democráticos e se admite, ao mesmo tempo, a necessidade de cadeias de comando, esses confrontos são necessários. Não são evasões, como tantas vezes acontece com as estratégias de co-gestão. A confiança que penso ser razoável depositar nesses confrontos provém da capacidade de os seres humanos, em sua vida íntima, reconstituírem a autoridade em períodos de crise. Não o fazemos inevitavelmente; há sempre o risco de que se tome o atalho das respostas simples, ou de que se imobilize o desencanto. Mas há maneiras particulares de montar um confronto para que se perca o medo da força, para que o elemento de onipotência, em particular, seja posto à prova.

Aqui estão cinco maneiras pelas quais a cadeia de comando pode ser posta *en abyme*. A lista não é exaustiva, mas dá uma indicação dos muitos procedimentos que poderiam ser criados.

O procedimento primário e mais básico é exigir o uso da voz ativa na cadeia de comando. A linguagem do poder burocrático é freqüentemente formulada na voz passiva, de modo que a responsabilidade fica velada. Eis um exemplo conhecido:

> Foi decidido que os empregados terão que ordenar seqüencialmente suas férias durante todo o período de verão, a fim de prevenir irregularidades na produção da fábrica. Assim, será necessário que cada empregado entregue a seu supervisor um planejamento sobre as férias de verão, priorizando três períodos alternativos. Posteriormente, estes serão coordenados pelo grupo de supervisores, atribuindo-se um programa de férias a cada empregado.

O uso da voz passiva, nesse caso, permite que a cadeia de comando se estenda elo após elo. "Foi decidido" significa que

AUTORIDADE

a decisão não pode ser atribuída a nenhuma pessoa específica — ou, a rigor, a nenhum nível particular da organização. Declarou-se um princípio que é válido para todo o conjunto; ele pode ser aplicado a departamento após departamento. A decisão poderia ser reescrita na voz ativa da seguinte maneira:

A sra. Jones, o sr. Smith, o sr. Anderston e a srta. Barker decidiram comunicar aos empregados as datas em que poderão tirar férias neste verão. A razão disso é que a produtividade da organização seria prejudicada se todos resolvessem se ausentar no mesmo período. Jones, Smith e Barker votaram a favor da decisão; Anderston votou contra, dizendo que o tempo necessário para coordenar as férias de mil empregados iria finalmente custar tanto dinheiro à empresa quanto deixá-los determinar em cada departamento as datas que consideram mais convenientes.

Essa voz não sugere a existência de uma ordem abstrata, como princípio universal da organização. O memorando indica quem foi favorável à decisão e quem foi contra; o empregado de um dado departamento, sentindo-se prejudicado, poderá culpar o arbítrio do superior que votou contra a decisão. Seu chefe imediato também poderá lembrar que a maioria aprovou o projeto e dizer o que a levou a fazê-lo. O que aconteceria, nesse caso, é que o empregado e o chefe do departamento poderiam renegociar uma decisão tomada num escalão superior da empresa, repetindo a discussão, mas não reproduzindo mecanicamente seus efeitos. A cadeia de comando ficaria *en abyme*.

A voz ativa nos textos, muito direta e aparentemente muito simples, é a mais difícil de escrever. O romancista precisa ter uma confiança imensa em seu trabalho para declarar que "isto é", "ela achou" ou "aconteceu tal coisa". E, no discurso político, o esforço de falar na voz ativa é ainda mais árduo. Muita coisa pode ser evitada quando o superior age como se estivesse ausente. De certo modo, ele também presta um favor a seus subordinados ao falar passivamente, pois eles não precisarão enfrentar o seu poder e os efeitos desse poder em suas vidas. Se imaginarmos a instrução simples de que, ao ser tomada uma decisão, quem, por quê, quando e com que objetivo deverão ser sempre diretamente explicitados, e se imaginarmos que, em cada escalão, os empregados terão o direito de discutir as declarações de quem, por quê, quando e com que objetivo feitas no escalão superior, estaremos imaginando um ônus desgastante imposto a todos, senhores e escravos, que se encontrarem na cadeia de comando. A voz ativa, além disso, faz exigências, porque, em muitas decisões burocráticas, as pessoas em posições de poder não sabem o que estão fazendo. Elas não pensam, pensar é confuso demais; simplesmente seguem em frente e decidem. O uso da voz ativa ao menos as obriga a reconhecer que tomaram uma decisão que precisa ser explicada.

O procedimento do controle da voz ativa tem três fases: as declarações explícitas de quem decidiu, por quê, quando e com que finalidade; a discussão dos arbítrios, à medida que são transmitidos pela cadeia de comando; e a possibilidade de revisão das decisões. Esse é o trabalho de tornar visível a autoridade. Para um superior, discutir ativamente seu poder é exercer uma força real e admirável; para o subalterno, entrar na discussão e contestar o superior também constitui uma força. É que o controle da mudança a partir desse confronto é uma "deturpação democrática" também conhecida pelo nome de liberdade.

AUTORIDADE 241

Várias outras práticas decorrem desse princípio básico. Uma cadeia de comando rígida presume a existência de categorias claras de indivíduos a quem os controles se aplicam. Assim, a voz do poder pode legitimar-se através de um apelo aparente à imparcialidade: por que você faz objeção? As regras se aplicam uniformemente a todos os que estão em sua posição. O que torna você tão especial? Os dependentes só podem afirmar-se argumentando ser exceções. Aqueles que fazem objeção à guerra por princípios morais são constantemente apanhados sob essa pressão; têm que afirmar, sempre, que são genuinamente movidos por motivos religiosos ou particulares, que constituem casos especiais, a fim de obterem a isenção desejada; a essência de suas objeções — a de que a guerra é um erro — cai em ouvidos moucos. Categorizar desvia o discurso do que fazem os poderosos para a questão de saber se o subalterno que se opõe é igual a todas as outras pessoas.

Um segundo procedimento para confrontar a cadeia de comando, portanto, é o discurso sobre as categorias. Seria uma determinada regra realmente aplicável a categorias distintas? Que objeções à essência da regra não estão relacionadas à uniformidade com que ela é aplicada? Um exemplo prático desse discurso relaciona-se à praxe de promover e premiar as pessoas por antigüidade. Várias perguntas podem ser formuladas acerca dessa prática: é justo aliar a recompensa à idade avançada? Se tivessem essa oportunidade, os trabalhadores poderiam facilmente argumentar que as recompensas impessoais deveriam ser dadas às pessoas segundo suas responsabilidades familiares, e assim os que estão nas faixas de cinqüenta e sessenta anos ganhariam menos que os das faixas de trinta e quarenta. Ou se poderia ainda perguntar por que somente as pessoas com qualificações especiais ficam isentas do princípio da antigüidade; essa prática, como se sabe, tende a dividir os trabalhadores, de modo que todos se valem de estratagemas junto à direção para ser reconhecidos como casos especiais, com maior mérito do que os trabalhadores "comuns".

Um discurso franco sobre as categorias significa que aquela a que um trabalhador pertence pode mudar quando muda a substância das normas de um tema para outro. Para fins de calcular a renda da aposentadoria, talvez seja realmente apropriado que os trabalhadores idosos recebam mais créditos do que os jovens; para as oportunidades de mudança de cargos numa burocracia, talvez a idade se torne irrelevante e outra escala possa ser usada. Essa mudança de classificação, criando tipos diferentes de cadeias, é democrática quando os sujeitos participam do processo de definição. Na estratégia de co-gestão, eles o fazem através de representantes que adotam projetos coerentes com a direção. Uma estratégia mais democrática é que as negociações ocorram diretamente, que haja em cada escalão a liberdade de redefinir as categorias conforme surjam os problemas. De imediato, isso parece uma receita de ineficiência, mas a primeira impressão costuma enganar.

Muitas empresas americanas conduzem-se hoje, nos níveis mais altos, pela gerência de objetivos. Um alvo de lucro ou produtividade é estabelecido no topo; os escalões mais elevados da administração ficam livres para se organizar de modo a cumprir essa meta da maneira que lhes parecer mais conveniente. Assim, três ou quatro unidades no mesmo nível do gráfico empresarial, que executam essencialmente o mesmo trabalho, organizam-se internamente de modos diversos, em decorrência de variadas discussões internas, e cada unidade se reorganiza continuamente para cumprir seus objetivos. Em alguns ramos da indústria automobilística, esse

AUTORIDADE

processo tem sido sumamente eficaz; na indústria têxtil houve resultados ambíguos com esse tipo de experimentos. Mas o procedimento como um todo só foi considerado próprio nos níveis de elite, porque, segundo se presume, só os dirigentes têm auto-suficiência e capacidade para trabalhar num ambiente com essa flexibilidade. Aí está um pressuposto curioso: somente a elite é capaz de manter relações democráticas.

O discurso sobre as categorias conduz, logicamente, ao discurso sobre a obediência. Numa cadeia de comando rígida, "vontade" refere-se tanto ao que o superior deseja quanto à maneira como ele quer que algo seja feito. Como assinalou von Clausewitz, o controle absolutamente tirânico de todos os detalhes é a receita certa para a queda do próprio líder. Além disso, os trabalhadores que contestam um método e defendem outro assumem, freqüentemente, um ar de deslealdade aos olhos dos superiores: "Você não fez o que eu mandei." Para não ser tachado de desleal, observou Robert Schrank, é comum o empregado fazer as coisas em segredo, de maneira diferente do que quer o patrão, para fazê-las bem-feitas; a necessidade de agir secretamente sobre o que só no final atenderá aos desejos do patrão é uma das principais razões por que os empregados passam a sentir desprezo pelos empregadores.

As tentativas de expor abertamente os diferentes tipos de obediência que atendem aos desejos do empregador talvez sejam o recurso mais conhecido para afrouxar as cadeias de comando rígidas. Os dirigentes de burocracias públicas e privadas sabem ser necessário haver uma certa folga e inventividade nos atos de obediência que atendem aos desejos do superior, para que a resposta seja eficaz. A questão é saber qual o grau de flexibilidade a ser permitido.

Uma forma muito mais extrema de abalar a cadeia de comando é a troca de papéis. Trata-se da troca entre o superior e o subalterno, para que um assuma o lugar do outro nas ocasiões em que eles estiverem discordes, em que seus desejos parecerem irreconciliáveis, em que a conciliação se afigurar a ambas as partes um encobrimento tíbio de suas divergências e, apesar disso, eles não conseguirem escapar um do outro. A troca temporária de posições entre superior e subalterno, nesse momento, oferece a oportunidade de uma mudança de percepção semelhante ao processo de redobramento descrito no capítulo anterior. Em termos intelectuais, essa troca talvez seja a maneira mais interessante de pôr a cadeia de comando *en abyme*; é como ver no espelho um outro corpo que, na verdade, é o nosso.

A idéia da troca de papéis tornou-se uma parte importante das modernas teorias da "revolução permanente". Para pessoas como Fanon* e os planejadores do Estado chinês durante a Revolução Cultural, ela se afigurou um modo de frustrar o crescimento de uma burocracia arraigada. As trocas chinesas foram brutais: estudiosos viram-se afastados de seus livros para fazer trabalhos braçais, camponeses foram convocados à cidade para manejar computadores, e absurdos similares. Durante a Revolução Cultural, os chineses se colocaram numa posição revolucionária paradoxal. Em nome de libertar o povo do árduo ônus imposto pela burocracia, a Revolução Cultural tratou as pessoas desprezando suas diferenças de capacidades e interesses. Ser livre era não fazer discriminações.

---

*Frantz Fanon (1925-1961), psiquiatra da Martinica e teórico revolucionário para quem o anticolonialismo deveria levar o Terceiro Mundo a "recomeçar a história", em vez de calcar suas instituições e costumes nos do Ocidente. (*N. da T.*)

AUTORIDADE 245

Um manejo muito mais sensível da troca de papéis ocorreu em Cuba e na Iugoslávia. Nesses países, trocar de papéis teve um objetivo mais educacional. O cirurgião era informado dos problemas da enfermeira; a enfermeira recebia formação em cirurgia — sob a orientação do médico, a princípio, mas com a permissão de assumir a função dele posteriormente, quando as circunstâncias fossem adequadas. Há uma educação menos benigna que as trocas temporárias de papel podem proporcionar. Elas podem ensinar a um patrão a impossibilidade ou a irracionalidade da obediência às normas que ele mesmo estabelece para seus empregados; e ensinar aos empregados exatamente por que o patrão não pode atendê-los em todas as coisas que eles lhe pedem. A lição extraída disso é o significado do inerradicável conflito de interesses existente numa cadeia de comando.

Sempre me surpreendeu que os seguidores de Marx tomassem seu sonho de uma pessoa que troca de papéis numa utopia comunista — ora poeta, ora trabalhador, ora operário da indústria — como um sonho agradável. Uma vez construída qualquer forma de poder como uma cadeia de comando, essa troca de papéis está fadada a ser, em parte, um aprendizado sobre a decepção. A desilusão é um ingrediente essencial da empatia: "Eu achava que ele podia, que ele devia..." — tudo isso é denunciado como impossível quando se enxerga pelos olhos do outro. Na vida social, a troca de papéis, sobretudo nas sociedades altamente desenvolvidas, com complexas cadeias de comando, é um aprendizado sobre os limites. Como o redobramento empático da carta de Kafka, ela pode criar respeito mútuo, mas proporciona pouco prazer.

Por fim, a cadeia de comando pode ser abalada pelo discurso franco sobre a proteção. Ou melhor, uma cadeia de comando moderna e não militar pode ser abalada dessa maneira, pois um dos assuntos mais evitados da sociedade moderna é a relação entre ser controlado e ser protegido.

O paternalismo lidou com essa relação tornando não negociável a questão da ajuda. Pullman dizia a seus operários o que era melhor para eles; se quisessem ser ajudados, obedecer e deixarem o resto com o patrão. O amparo era uma dádiva dele. Diversamente de um pai real, ele concebia como um direito concedê-lo ou não, conforme lhe aprouvesse. Já o objetivo da autonomia é reprimir totalmente a questão do amparo. Quando Dodds e Blackman entraram em conflito, o superior exerceu um controle moral sobre seu subordinado, fazendo-se surdo aos pedidos de orientação e solidariedade.

A ajuda é incorporada na estrutura hierárquica das burocracias modernas de maneiras muito impessoais. Os benefícios do cargo, o atendimento em creches ou centros de tratamento diurno, a assistência médica, tudo isso é planejado de acordo com categorias: o nível do empregado na organização, sua idade, o tamanho da família e dados similares. O amparo oferecido pelo *padrone*, no qual os dependentes buscam o amo conforme surge a necessidade, não é considerado eficiente nem digno. As formas pessoais de amparo nas grandes burocracias consistem, basicamente, no respaldo aos protegidos ou na prestação de "favores" — sendo ambos formas paternalistas de apoio. A idéia de que as pessoas têm o direito de ser amparadas e o direito de negociar esse amparo frente a frente com os poderosos, para não serem suplicantes nem itens numa categoria, parece-nos pouco realista — embora, na maioria das sociedades não-ocidentais, o direito à proteção seja tido como certo e exercido num entendimento pessoal.

AUTORIDADE 247

Negociar o amparo na cadeia de comando seria uma atividade embaraçosa. Exigiria que as pessoas dissessem: "Isto é o que eu mereço, não por minha dedicação, mas em função daquilo de que necessito." Todos têm idéias sobre suas necessidades justas, mas essas necessidades mantêm-se ocultas, ou podem ser facilmente eliminadas pela pergunta "Por que a carência faz de você uma pessoa merecedora?". Justificar as próprias necessidades, pedir apoio psicológico e material, é algo que aprendemos a fazer por meios indiretos. O amparo é uma constante nas questões humanas; as modernas burocracias ocidentais não o transcenderam, mas o enterraram, de tal sorte que ele se torna mais cômodo quando é impessoal e negociado cara a cara, não por declarações como "Você precisa me ajudar", mas por jogos mais velados, nos quais os subalternos esperam conseguir a proteção dos superiores.

Toda a ambivalência que sentimos em relação à autoridade está contida nessas manobras impessoais ou indiretas em busca de ajuda. Declarar abertamente que precisamos de outra pessoa, que temos direito à força de outrem, parece tornar-nos sumamente vulneráveis e dar ao outro um poder absoluto sobre nós. A oferta impessoal de benefícios numa burocracia é, na verdade, um modo de universalizar o amparo, colocando-o longe do campo da experiência direta, da multiplicidade das circunstâncias pessoais. Esse fato, sumamente humano, transforma-se numa árida estatística. E o efeito é manter o processo democrático afastado do tema da ajuda.

É por isso que a negociação franca do amparo, cara a cara, em cada escalão da hierarquia, parece-me a experiência mais perturbadora que pode ocorrer numa cadeia de comando moderna. É bem possível que o resultado dessas negociações seja uma nova decepção: que não haja nada que os superiores imediatos possam fazer para atender ao que o sujeito apresenta como suas necessidades. Para que essa discussão tenha um significado real, o empregado precisa ser capaz — e as leis de um Estado democrático poderiam facilmente garantir-lhe — de ter o direito de apelação. Naturalmente, os poderosos sempre gostariam de ajudar, mas circunstâncias fora do seu controle às vezes os impedem de fazê-lo... Os aparelhos jurídicos destinados a contornar tais evasões são conhecidos — os *ombudsmen* e similares. A questão está em as pessoas perderem a timidez, a fim de se servirem desses instrumentos. Fazer da realidade primária do amparo um encontro direto parece ser uma forma sensata de perder essa timidez; trata-se de uma questão a ser discutida abertamente.

Existem, portanto, cinco maneiras de interromper a cadeia de comando, todas baseadas no direito e no poder de rever, mediante discussão, as decisões oriundas de forças superiores: o uso da voz ativa, a controvérsia da categorização, a permissão de uma variedade de respostas de obediência a uma instrução, a troca de papéis e a negociação direta sobre o auxílio. Essas interrupções são oportunidades de estabelecer uma ligação com poderes econômicos e burocráticos abstratos em termos humanos de força, uma força visível e legível. É por meio dessas rupturas que ocorre a criação da autoridade. E é através delas que o medo da autoridade onipotente pode ser realisticamente reduzido.

Para concluir, há que dizer algo sobre a relação mais ampla entre a autoridade e o anarquismo.

No século XIX, o anarquismo, de Godwin a Kropotkin e a Bakunin, reconheceu o valor positivo da autoridade, como

AUTORIDADE

fez o moderno anarquista Baldelli, citado anteriormente neste capítulo. "Mas", escreveu Bakunin,

> não reconheço nenhuma autoridade *infalível*, nem mesmo em questões especiais; por conseguinte, seja qual for o respeito que eu sinta pela honestidade e sinceridade de um indivíduo, não tenho confiança absoluta em ninguém. Tal confiança seria fatal para minha razão, para minha liberdade e até para o sucesso de minhas iniciativas; ela me transformaria imediatamente num escravo néscio, instrumento da vontade e dos interesses de outras pessoas.

Os anarquistas do século XIX buscavam condições de poder em que uma pessoa em posição de autoridade pudesse tornar-se falível. Sua busca era norteada por dois problemas: o problema com a escala do poder e o problema com o término da dominação, como que curando o corpo político de uma doença.

Os anarquistas do século XIX acreditavam que, quanto menor a comunidade, mais fácil seria adotar uma vida franca e democrática. Dez pessoas podem conversar de maneira eficaz, raciocinavam eles; mil vozes falando ao mesmo tempo são um burburinho. Esses pressupostos sobre a escala, bastante sensatos, baseavam-se numa antiga tradição da filosofia política, uma tradição que quantifica as condições sociais necessárias à livre troca de opiniões, uma tradição que se origina nos escritos de Aristóteles. Na idéia de Aristóteles, uma comunidade não devia ser maior do que a extensão em que um homem pudesse gritar e se fazer ouvir por todos. A preocupação com a escala do discurso social — quantas pessoas ficam falando, e em que tipo de comunidade — apareceu no *Contrato social*, de Rousseau; e foi um interesse constante dos construtores de novas cidades no século XIX. Por exemplo, o projetista urbano inglês Ebenezer Howard e o projetista austríaco Camillo Sitte fizeram experiências em planejamento urbano, pesquisando maneiras de combinar democráticas instituições urbanas com indústrias eficientes de pequeno porte. Os textos de história do anarquismo, vez por outra, tratam as idéias de Godwin ou Kropotkin como ramificações que pouco tiveram a ver com a vida intelectual e cultural que as cercava, quando, na verdade, as idéias desses pensadores tiveram um lugar lógico e uma longa ascendência.

Se essa preocupação com a escala já não parece convincente, é porque, antes de mais nada, todas as forças da sociedade industrial moderna tendem com muita insistência para a combinação, para o grande porte e para formas de controle cada vez mais complexas. Os anarquistas mais conservadores do século XIX tinham certeza de que as forças de mercado da sociedade estavam do seu lado, e de que o mercado manteria a escala da vida sob controle. Já no século XX, o mercado regula menos o poder do que é manipulado pelas grandes estruturas de poder. Além disso, os anarquistas do século XIX confiavam em que o próprio tamanho transformaria a real *qualidade* do poder. Mas, assim como um genitor pode tiranizar um filho, o prefeito e os burgueses de uma pequena cidade podem tiranizar uma comunidade em que todas as pessoas se conhecem. Na verdade, podem fazê-lo com mais eficácia do que os governantes de uma cidade grande, pois no vilarejo não existe onde se esconder.

Essa segunda objeção relaciona-se com a outra preocupação anarquista do século passado. Bakunin não era "contra" o poder; nunca acreditou, como os anarquistas espanhóis, numa

AUTORIDADE

sociedade em que cada um agisse espontaneamente, de acordo com os ditames da vontade pessoal. Mas ele fazia uma distinção entre poder e dominação. A dominação era o poder irrestrito, o poder como fim em si. Disso proveio sua famosa acusação a Marx:

> Eu me pergunto como Marx não percebe que o estabelecimento de uma (...) ditadura — para agir, de um modo ou de outro, como engenheiro-chefe da revolução mundial, regulando e dirigindo maquinalmente o movimento revolucionário das massas em todos os países —, que o estabelecimento de tal ditadura seria suficiente, por si só, para liquidar a revolução e distorcer todos os movimentos populares.

A cura da doença da dominação seria o tipo certo de poder, havendo uma escala pequena, meios recíprocos e metas altruístas. Também nesse aspecto, o anarquismo em cujo nome Bakunin falou com tanta eloqüência pode ser criticado, por acreditar numa sociedade renascida, numa purificação qualitativa.

A dominação é uma doença necessária de que padece o organismo social. Está embutida na cadeia de comando. A cadeia de comando é uma arquitetura de poder que prejudica intrinsecamente as necessidades e desejos de alguns, submetidos à vontade de outros. Não há meio de curar essa doença, podemos apenas combatê-la. Pode haver vitórias parciais importantes; é possível estruturar a cadeia de comando para que os controles não sejam onipotentes e universais. É possível prevenir a alquimia do poder absoluto com imagens que sejam claras, simples e inabaláveis. É possível os subordinados se verem como mais do que vítimas irremediáveis. A autoridade pode transformar-se num processo — numa criação, de-sarticulação e reformulação de significados. Pode ser visí-vel e legível. O anarquismo moderno deve ser concebido como uma desordem deliberada, introduzida na casa do poder; esse é o trabalho árduo, incômodo e amiúde amargo da democracia.

6

Autoridade e ilusão

O medo de ser enganado pela autoridade talvez seja a melhor maneira de resumir as atitudes de negação exploradas neste livro. Os engodos dos regimes totalitários são os mais claramente delineados. São engodos sobre a intemporalidade da autoridade: os nazistas usaram a imagem de um Estado que duraria mil anos para justificar o poder absoluto. Existem enganos em que a proteção legitima o poder desinibido: Stalin usou a imagem de sua força e amor ilimitados pelo povo para arrancar dele a submissão absoluta. Além disso, os regimes totalitários recusam-se a reconhecer que qualquer coisa contingente ou acidental seja verdadeira; tudo o que o Estado faz tem uma razão.

O medo de ser enganado pela autoridade nas sociedades livres é igualmente realista, mas as realidades do engano são diferentes. Pullman enganava seus empregados ao declarar que cuidaria deles e supriria suas necessidades; ao contrário de Stalin, quando as carências deles entraram em choque com seus interesses, ele simplesmente retirou a oferta de cuidados, em vez de obrigá-los a aceitá-la. É falsa a união entre poder e assistência que ouvimos nos discursos de nossos líderes. Nenhuma religião a impõe aos césares como um dever perante Deus. Ao contrário, ela é como um enfeite que se pode facilmente retirar de um bolo. Condenamos a irrealidade do que deveria ser a única base moral do poder, chamando essa união de "pura retórica". A figura autônoma parece simplesmente fechada em si: nada é oferecido, logo, não há engano. Mas também isso não acontece. A influência dela pode organizar-se burocraticamente em formas de manipulação psicológica. Como modelo de papel social, ela oferece uma visão ilusória do que é a liberdade. A pessoa autônoma não está livre das outras; livra-se apenas de lidar com elas em termos de reciprocidade, despertando-lhes sentimentos de vergonha e insuficiência. Um controlador dos outros que parece desinteressado talvez seja a suprema forma do engano.

A palavra "engano" é pesada. Se a tomarmos como significando uma intenção de iludir, por parte dos poderosos, teremos uma imagem das pessoas em posições de comando como artistas maquiavélicos. Essa visão paranóica de autoridades que sabem exatamente o que querem exige talento demais nas classes dominantes para ser convincente. Na verdade, é precisamente por acreditarem neles mesmos e naquilo que fazem que os fortes ganham crédito aos olhos de outrem. O engano que ocorre sem que haja uma conspiração para enganar recebe, mais apropriadamente, o nome de ilusão. As ilusões são sistematicamente distribuídas pelas normas de conduta e de crença; podem ser compartilhadas por senhores e escravos.

Denunciar as ilusões e a potência da autoridade tornou-se a meta do espírito negativo nascido na Revolução Francesa; foi uma determinação, nas palavras de Hegel, de expulsar "o senhor que habita em nosso interior". Essa determinação de não se deixar enganar pelas aparências das autoridades pode ter o efeito paradoxal de estreitar o vínculo entre senhor e escravo.

Foi o que fez no caso dos contadores, decididos a denunciar o fato de que sua chefe não era a líder que uma pessoa na sua posição deveria ser; eles precisavam de seu negativo para ver a imagem positiva de autoridade que queriam. Foi o que houve no caso de Blackman e Dodds. Este questionou a insensibilidade de Blackman e se enredou cada vez mais na tentativa de provocar em seu superior sinais de reconhecimento e aprovação. Expulsar as ilusões do senhor que existe internamente também pode ser um processo debilitador, no qual uma passividade deprimida segue-se ao ato de denunciar as afirmações das autoridades. Foi o que aconteceu no caso dos empregados rebeldes de Pullman. Acima de tudo, rejeitar os ditames morais de outra pessoa pode erguer uma barreira de transgressão que torna seguro depender dessa pessoa de outras maneiras, como se deu com a srta. Bowen. A reivindicação da autoridade é sempre a de uma superioridade pessoal, baseada na força. A afirmação da superioridade pode ser denunciada como uma ilusão, mas, dessas diversas maneiras, a força continua a se fazer sentir.

Grande parte da literatura moderna sobre a autoridade, desde *1984*, de Orwell, até *Admirável mundo novo*, de Huxley, expõe a crença em que escapar ao encanto da própria autoridade é ser livre. É difícil imaginarmos a autoridade como um sentido de força e fraqueza que construamos. O impacto da cultura da negação foi desvincular a construção e desconstrução que fazemos da autoridade, na vida privada, da sugestão seja lá do que for nos assuntos públicos. Em público, a autoridade parece externa, uma força a ser enfrentada. Em suma, denunciar as ilusões da autoridade não nos levou a imaginar novas formas de autoridade na área social, nem a criar nada depois de a havermos negado.

Talvez a análise mais radical da relação da autoridade com a ilusão, na literatura moderna, seja a parábola do Grande Inquisidor de *Os irmãos Karamazov*, de Dostoiévski. Essa parábola tem duas dimensões: aquilo que o Grande Inquisidor argumenta e as conseqüências de sua argumentação. Na parábola, Cristo retorna a Sevilha no século XVI; o Grande Inquisidor O encontra na rua, cercado por uma multidão para a qual Ele faz milagres. Tão grande é a autoridade terrena do Grande Inquisidor, que a multidão se curva diante dele e permite que ele aprisione seu Deus. À meia-noite, o Grande Inquisidor aparece na cela de Cristo, para explicar por que aprisionou o Deus a que também ele serve, e porque O mandará para a fogueira na manhã seguinte.

Com violenta ira, o Grande Inquisidor acusa Cristo de haver oferecido ao povo uma visão conjunta de autoridade e liberdade. Fazê-lo foi desumano por parte de Cristo, porque o povo não consegue suportar o fardo dessa combinação. "Afirmo-lhe que o homem não tem ânsia mais angustiante que a de encontrar alguém para entregar, com a máxima rapidez, o dom de liberdade com que nasceu a pobre criatura."

A posição do Grande Inquisidor é mais sutil que a de La Boétie, que, no Capítulo 4, vimos afirmar que a servidão voluntária surge porque as pessoas são preguiçosas e consumidas unicamente pelo desejo de prazeres mesquinhos e seguros. "O homem nasce rebelde", diz o Grande Inquisidor. Indisciplinado, ganancioso e decidido a cuidar apenas de si mesmo — um animal hobbesiano. Mas essa rebeldia é autodestrutiva; o animal hobbesiano não consegue controlar sequer a si mesmo. E é mutuamente destrutiva: os animais matarão uns aos outros e não restará ninguém. Por isso, eles saem em busca de uma pessoa ou princípio que se situe acima deles e ponha

AUTORIDADE

fim ao terrível abuso que é sua liberdade. No que talvez seja a passagem mais célebre da parábola, o Grande Inquisidor declara:

> (...) O homem almeja cultuar apenas o que é incontestável, tão incontestável, na verdade, que todos concordem de imediato em adorá-lo juntos. A preocupação principal dessas criaturas miseráveis é não somente encontrar algo que eu ou outra pessoa possamos adorar, mas encontrar algo em que todos acreditem e todos cultuem, e a questão absolutamente essencial é que o façam *juntos*.

Algo de incontestável e certeiro, algo que una as pessoas: é esse o vínculo da autoridade. Quanto mais as pessoas buscam relações humanas que tenham a solidez das pedras de uma igreja, mais elas abandonam a liberdade — e, como proclama o Grande Inquisidor, é assim que deve ser.

O pecado de Cristo, portanto, foi incentivar o homem a desenvolver em si uma força melhor do que a força licenciosa com que nasceu; foi o pecado de amparar o homem, de dar o exemplo. O animal hobbesiano não pode aprender. As autoridades mundanas devem fazer por ele o que ele não pode fazer por si. "Milagre, mistério e autoridade" — ou seja, uma autoridade repressiva superior — são "as três únicas forças capazes de dominar e manter perenemente cativa a consciência que esses fracos rebeldes têm de sua felicidade." A autoridade fundamenta-se nas ilusões do milagre e do mistério, que são ilusões necessárias.

A argumentação do Grande Inquisidor é um ataque ao próprio esforço de desmascarar o mistério e as ilusões da autoridade superior, sejam quais forem esses mistérios e ilusões. A negação, na visão de Dostoiévski, é a tentativa de o homem rastejar de volta para sua natureza primitiva, como um animal livre e carente. *Qualquer* ilusão que reprima essa natureza é legítima. Considerada isoladamente, a tese do Grande Inquisidor incorpora o que David Magarshack chamou de atavismo de Dostoiévski, seu horror ao espírito de descrença do mundo moderno, sua confiança na fé por si mesma. Descrer da autoridade nunca trará essa liberdade de volta, porque, no cômputo final, o homem não quer ser livre. Quer apenas imaginar que gostaria de ser livre.

Mas, como acontece em muitos textos de Dostoiévski, a lenda do Grande Inquisidor é mais complicada do que o programa político proposto pelo autor. A segunda dimensão dessa lenda aparece quando o Grande Inquisidor encerra seus argumentos, declarando ter-se colocado a serviço do Diabo para poder, junto com outros em posições semelhantes à sua, impedir que a humanidade se destrua. Durante todo o discurso do Grande Inquisidor, Cristo não diz uma palavra. Então, no final, sua única resposta é inclinar-se para a frente e dar um beijo no Grande Inquisidor. Este fica comovido. A despeito de todos os seus argumentos, abre a porta da prisão para libertar Cristo. E Cristo não recusa a oferta; não permanece lá para ser sacrificado pela segunda vez, mas sai pela porta da prisão e desaparece da face da Terra. Quem convenceu quem? Terá o amor de Deus triunfado sobre a lógica da repressão, ou será que finalmente o porta-voz do Diabo levou Deus a enfrentar a realidade?

A única resposta para um mistério é outro mistério, comentou Dostoiévski noutro texto, e esse comentário, posto numa forma mais concreta, elucida a segunda dimensão da parábola do Grande Inquisidor. A única resposta para este é imaginar uma réplica que esteja fora de seus termos. Assim é a defesa de

AUTORIDADE   259

Cristo na parábola de Dostoiévski. Se a lógica da repressão é ou não finalmente rejeitada, depende de quão dissonante e quão pertinente seja a resposta, como um pintor que divisa toda uma nova paisagem ao mudar a posição de seu cavalete.

Foi ao pensar na ambigüidade dessa parábola que comecei a me indagar como os ritmos da autoridade, na vida íntima, poderiam servir de resposta às ilusões da autoridade e à negação delas na vida pública. A autoridade, como processo constante de interpretação e reinterpretação, faz sentido nos assuntos íntimos, mas não na esfera pública. Existem razões estruturais para isso; o ritmo de crescimento e declínio de uma vida não é o ritmo de crescimento e declínio da sociedade. Existe um abismo intransponível — ou, para dizê-lo em termos positivos, cada um de nós pode reimaginar a autoridade em particular de um modo que não podemos fazer em público. Temos um princípio para criticar a sociedade, com base não na dedução abstrata sobre a justiça e o direito, mas em nosso conhecimento íntimo do tempo.

A cultura da negação bloqueou essa crítica, fazendo-nos desconfiar do trabalho da imaginação em público. Por exemplo, há uma ligação entre a carta de Kafka e os problemas do reconhecimento mútuo numa fábrica; essa ligação só pode ser feita por metáfora. A metáfora difere, em sua própria essência, de uma metáfora de dominação como o paternalismo. A idéia kafkiana das ligações entre pai e filho baseia-se nas mudanças das relações entre os dois. O paternalismo pautou-se por essa ligação para apresentar a imagem de uma relação fixa, estática. Ao imaginar o que significa a carta de Kafka com respeito à vida fabril, comparamos experiências que estão fora de escala, fazendo com que a vida íntima e a vida impessoal se tornem mais complexas pelo próprio ato de compará-las.

O medo da imaginação na política provém do medo da ilusão. É como rejeitar definitivamente o uso de um instrumento porque ele pode ser mal utilizado. As metáforas dominantes do paternalismo, mais uma vez, fizeram os operários de Pullman temer as metáforas opostas, formuladas pelos socialistas de Debs. Uma geração atrás, estava em moda explicar o nazismo em termos da "mitomania". O historiador Salvemini falou do nazismo como uma "poesia hedionda", e se perguntou se as massas seriam suficientemente fortes para, um dia, verem o poder tal como era, sem nenhuma ajuda da poesia. É claro que, na verdade, nunca podemos deixar de usar metáforas, alegorias ou símiles; estaríamos deixando de usar nossa capacidade de construir símbolos. Mas podemos ficar tão constrangidos e desconfiados dessa capacidade, que nos esforçamos por reprimi-la quando a encontramos.

A crença na autoridade visível e legível não é um reflexo prático do mundo público; é uma demanda imaginativa feita a esse mundo. É também uma demanda idealista. Pretender que o poder seja protetor e restrito é irreal — ou, pelo menos, essa é a versão da realidade que nossos dominadores inculcaram em nós. A própria autoridade, no entanto, é, intrinsecamente, um ato da imaginação. Não é uma coisa; é uma busca de solidez e segurança na força de outrem, que parece ser algo grandioso. Acreditar que tal busca possa ser consumada é, de fato, uma ilusão, e uma ilusão perigosa. Só os tiranos dão conta desse recado. Mas acreditar que a busca não deve ser conduzida é igualmente perigoso. Nesse caso, tudo o que houver será absoluto.

Índice remissivo

Addams, Jane ("Um Lear moderno"), 94-97, 98, 101-02, 109, 115
administração/direção: como coordenadora, 156-58; no paternalismo empresarial, 65-68, 84-104; ruptura da cadeia de comando pela, 238-48; como imagem de autoridade, 118-20, 121, 123,124-25,134-43; influência como disfarce do poder da, 144, 153-59, 163-64, 231, 254; e mão-de-obra, 147-55; motivação dos trabalhadores pela, 144-55; e rejeição pela substituição idealizada, 54-59; reação às vítimas, 203-06; *ver também* burocracia; trabalho
Adorno, Theodor, 39, 212
agricultura, 64, 73, 81
Alemanha nazista, 106, 175, 253, 260
Alemanha, 144, 147; co-gestão na indústria da, 232, 233-35
Allègret, Elie, 187

Allègret, Marc, 187
anarquismo: autoridade e, 248-52; espanhol, 232, 250
anti-semitismo, 40
Arendt, Hannah, 39
Argyris, Chris, 157-58
Aristóteles, 15-16, 108, 249
Authoritarian Personality, The [*A personalidade autoritária*], 39-40, 212
Autoridade e família, ver *personalidade autoritária, A*
autonomia, como imagem da autoridade, 66, 71, 117-65, 218; vínculo criado pela, 122, 134-43, 164; e burocracias, 118-19, 120-22, 163-64; e disciplina, 122-34; e qualificação/especialização, 118, 119-20, 123-27, 143, 230; como forma de liberdade, 122, 159-65; influência como disfarce do poder da, 122, 143, 155-59, 164, 231, 254; mantida pela indiferença, 119-21, 122, 126-28, 134-43, 161, 176, 203, 246; ocupações

associadas à, 120, 163; traços de personalidade associados à, 117-22, 163-64; rejeição da, 163-65, 174-76; técnica das respostas invertidas, 134-43, 158; implicações sociais da, 126-34, 163-64; *ver também* individualismo

autoridade: capacidade de julgar e tranqüilizar na, 206-07; desmistificação da, 210-18; desordem e, 223-25; medo e respeito pela, 24, 27-72, 130, 134, 164-65, 206-18; e ilusão, 253-60; legitimidade da, 36, 41-43, 61-71, 178-79, 206-18, 229-31, 241, 253; perda do medo da, 208-18, 222, 223, 238; necessidade da, 27-28, 40-41, 164-65, 232, 247; alteridade da, 171, 206, 208-09, 213; simplificação da, 218-220; força como base da, 31-39, 71, 114, 119, 163, 170, 206-13, 219-52, 255, 260; tempo e, 221, 253, 259; visível e legível, 222-52, 260; obediência voluntária à, 36, 50, 123, 202, 226, 256; *ver também* crises de autoridade; poder

Avedon, Richard, 211, 212, 217

Bakunin, Mikhail A., 248-51
Baldelli, Giovanni (*Anarquismo social*), 233, 249
Beccaria, Cesare, 65, 130
Bell, Daniel, 118, 151

Benjamin, Jessica, 22, 171
Benjamin, Walter, 39
Bentham, Jeremy, panóptico de, 83, 85-86, 97-98, 105
Bergson, Henri, 18
Black, Max, 108, 110
Bossuet, Jacques-Bénigne, 17
Bruner, Jerome, 16
Burckhardt, Jacob, 160, 219
Burke, Edmund, 62
burocracia, como imagem da autoridade, 31-32, 118-19, 121-22, 135-43, 164, 208, 219-20, 222; ruptura da cadeia de comando na, 238-40; nas sociedades paternalistas, 104-08, 176; *ver também* administração

cadeia de comando: como arquitetura do poder, 223, 225-32, 251; categorias na, 239-43, 246-47; ruptura da, 223, 224-25, 232-52; pensamento *en abyme* na, 237-44; na indústria, 229-32, 233-35, 238-48; na economia mista, 228-30; e amparo, 245-48; obediência na, 243; reprodução do poder na, 225-26, 231-32, 233-34, 235, 237-38; troca de papéis na, 244-45; na sociedade, 228, 232-34, 245; na guerra, 226-28

capitalismo, 34, 73-74, 78, 81, 88, 124, 148; ambigüidades do, 163-64; competição no, 228-30; paternalismo no, 66-68, 74, 84-103, 106-07, 122, 144, 230,

AUTORIDADE 263

245-47, 253; posse no, 102, 124; *ver também* economia, indústria

Carlos I, rei da Inglaterra, 62

Carnegie, Andrew, 67

casamento, rejeição no, 43-44

Caxton, William, 31

China, *ver* República Popular da China

Chodorow, Nancy, 22

Cícero, 108

Clausewitz, Karl von (*Sobre a guerra*), 226-27, 243

Cobb, Jonathan, 125

comunidades: e democracia, 249-50; e individualismo, 65-66, 160-61, 163-64; paternalistas, 83, 84-103, 106-07; *ver também* sociedade

consciência, 18, 172-73, 179, 221-22; do eu duplo (*Doppelgänger*), 181-84; racional, 172-74; infeliz, 173-218; *ver também* reconhecimento

Coser, Lewis (*As funções do conflito social*), 217

crianças, 14, 27, 37-40, 182-85

Cribbin, James J. (*Liderança administrativa eficaz*), 156-57

crises de autoridade, 173-74, 176-218, 221, 222-23; reconceituação da autoridade nas, 173-74, 178-80, 237-38; e conceito de inserção, 189; e desvinculação, 179-90, 223; estrutura das, 177-79, 188-89, 193-95; a vítima nas, 190-206;

ver também rejeição, vínculos de

Cuba, troca de papéis em, 245

Dante Alighieri, 42

Darwin, Charles, 17

darwinismo social, 69, 160

David, Jacques Louis (*Juramento dos Horácios*), 221

Debs, Eugene, 103, 260

democracia: quebra da cadeia de comando na, 223, 224-25, 237-38, 239-40, 242-43, 249-52; sociedade na, 223-25; autoridade visível e legível na, 222-25

dependência: desobediente, 44-55, 60, 71-72, 142, 175-76, 203, 207, 209, 226, 255; afetiva, em relação à autoridade indiferente, 119-21, 135-43; indiferença como defesa contra a, 161, 163-64; no paternalismo, 94-95, 99-100; vergonha da, 66-72, 99-100, 254

Descartes, René, 15

Dewey, John, 20

Diderot, Denis, 144

disciplina: e autonomia, 122-34; hábito de obediência na, 123; autodisciplina, 123-24, 132-34; e expressão de si mesmo, 124, 134; e sentimento de fracasso, 125-27; vergonha como instrumento da, 128-34, 176; violência como instrumento da, 128-31

Disraeli, Benjamin, 64

dominação masculina, *ver* homens

Dore, Ronald, 77

Dostoiévski, Fiodor, 182, 256-59

Douglas, Mary (*Pureza e perigo*), 185, 211

Dumont, Louis (*Homo Hierarchicus*), 68, 170

Durkheim, Émile, 18-19, 20

economia, 228-29; ideologia de mercado, 64-65, 144-45, 228-29; negativismo na, 64-71; *ver também* capitalismo

Elias, Norbert (*O processo civilizador*), 129-30

Ely, Richard, 92, 94, 99

empregados, *ver* mão-de-obra

en abyme, 235-36; e ruptura da cadeia de comando, 237-44

Engels, Friedrich, 105, 144

"Escola de Frankfurt", 20, 39

Espanha, anarquistas da, 232, 250

Estado do bem-estar, 69, 88, 162

Estados totalitários: autoridade nos, 105-06, 175, 219-20; engodos dos, 253; medo da violência nos, 131-32; autodisciplina nos, 132-33

Estados Unidos, 82, 120, 127, 144, 145-46, 147-48; co-gestão nos, 233; dependência nos, 69; paternalismo nos, 84-103, 107; sentimento de fracasso nos, 125-27

família, autoridade do pai na, 73-82, 96-100, 125; *ver também* paternalismo

Fanon, Frantz, 244

Fichte, Johann, 62, 169

Filmer, Sir Robert, 79

Foucault, Michel (*Vigiar e punir*), 127, 142

França, 77, 81, 85-86, 87-88, 146-47

Francesca, Piero della, 199

fraternidade, 13-14, 22

Freud, Sigmund, 37-39, 42, 60, 202

Fromm, Erich, 39

Gide, André, 185-88, 236-37

Gide, Madeleine, 185-90, 217

Gilmour, Robert S., 145, 148

Godwin, William, 248-50

Goethe, Johann von, 74

Gosse, Edmund (*Father and Son*), 181-83, 185, 190

Gould, sra. Jay, 124

Gramsci, Antonio, 34

Grécia antiga, 177, 277-28, 229

Greenacre, Phyllis, 183

greve da Companhia Pullman, 88-89, 92-93, 103, 255, 260

guerra: como ato de violência, 226; cadeia de comando na, 226-28; objeções morais à, 241

Guesde, Jules, 34

Habermas, Jürgen, 21, 205

Halbwachs, Maurice, 20

Hawthorne, Nathaniel, 96

Heathcoate, Thomas, 93

Hegel, Georg, 63, 159; *Fenomenologia do espírito*, 169-78, 181, 199, 202, 205-06, 210, 212-13, 217-18, 221, 254

AUTORIDADE

Heráclito, 18
Hitler, Adolf, 112, 164, 212, 219; *Mein Kampf*, 220
Holbach, Paul Henri Dietrich, barão de, 224
homens, dominação dos, 75-82, 110-12
Homero, 227
Horkheimer, Max, 39, 41
Howard, Ebenezer, 250
Howe, Irving, 71
Huxley, Aldous (*Admirável mundo novo*), 70, 255

ibo, cultura, 207, 216
Idade Média, 15, 170, 228
in loco parentis, conceito de, 83-86, 93-104
individualismo, 23, 81; contraditado pelo paternalismo, 90-92, 94, 106; democrático, 159-63; conceito foucaultiano do, 127, 142; relação do com a comunidade, 65-66, 160-61, 164; *ver também* autonomia
indústria: cadeia de comando na, 229-32, 233-35, 238-48; cogestão na, 232, 233-35, 238, 242; e dependência, 67-72; no Japão, 76-77; negação da legitimidade na, 63-70; amparo na, 245-48; e sociedade, 65-71, 81-82, 163, 174-76, 249-51; universalismo na, 230-32; *ver também* capitalismo; trabalho

Inglaterra, 81, 120, 127, 128-29, 144, 146, 147; paternalismo na, 87-88, 107
Itália, 120, 127, 146-47
Iugoslávia, 235, 245

James, William, 18, 20, 179
Japão, indústria no, 76-77
Jefferson, Thomas, 223
Jesus Cristo, 35, 199; em parábola de Dostoiévski, 256-59

Kafka, Franz (carta ao pai), 192-99, 201, 203, 204, 217, 245, 259
Kant, Immanuel, 36
Katerli, Elena, 104
Kropotkin, príncipe Piotr, 248-50

La Boétie, Étienne de, 202, 256
laços afetivos/emocionais, 13-24
Ladurie, Le Roy (*Montaillou*), 170
Laing, R. D., 200
Lamb, Robert G., 145, 148
Lamennais, abade Hugues de, 86
Langer, Suzanne K. (*Mente: ensaio sobre os sentimentos humanos*), 16
Lasch, Christopher (*Refúgio num mundo desalmado*), 40
Le Bon, Gustave (*Psicologia das multidões*), 19-20, 23
Lenin, Nikolai, 104, 231, 235
Lévi-Strauss, Claude, 76
liberdade: e libertação, 79-80; obtida através da negação da legitimidade, 61-64; autoridade como ameaça à, 13, 27-28, 61-64, 256-58; autonomia

como forma de, 122, 159-65; cerceada pelo paternalismo, 83, 85, 89-95; e experiência da autoridade, 170-71; estágios hegelianos da, 172-75; prazer buscado à custa da, 202-03; e reconhecimento, 174, 177, 198-99

Linz, Juan, 220

Littlejohn, David, 187

Locke, John (*Dois tratados sobre o governo civil*), 79-82

Lowell (Massachusetts), 84, 97

Luís XVI, rei da França, 61

Madison, James, 224-25

maestros, *ver* regentes (orquestrais)

Magarshack, David, 258

Mao Tsé-tung, 104, 230

mão-de-obra/trabalhadores: e cogestão, 233-35, 242-43; e paternalismo empresarial, 66-68, 84-103, 144-45, 230; dependência da, 66-72, 94-95, 100-01; desejo de desenvolvimento pessoal, 148-50, 151-52; insatisfação da, 145-50; e ruptura da cadeia de comando, 238-48; na sociedade industrializada, 64-66, 73-74, 81-82; influência sobre a, como disfarce do poder, 144, 153-59, 231, 254; administração/direção e, 147-54; motivação da, e produtividade, 144-55; motivação psicológica da, 149-55; greve

de Pullman, 88-89, 92-93, 103, 255, 260; e rejeição pela substituição idealizada, 55-59; sentimento de fracasso da, 125, 143; vergonha como instrumento disciplinar contra a, 131, 176; sindicatos, 102, 146; como vítima, 203-05; *ver também* trabalho

Maquiavel, Nicolau, 17, 208

Marcuse, Herbert, 39

Marx, Karl, 17, 64, 67, 105, 144, 190, 205, 245, 251

marxismo, 34, 39

McGregor, Douglas, 152

Mead, George Herbert, 19-20

metáforas: vínculos das, 108-15; estudo da metáfora paternalista por Addams, 94-97, 98-99, 101-02, 109-10, 115; desconfiança do poder expressa nas, 74-75, 259-60; paternalistas, 74, 82-86, 92-115, 259

Mill, John Stuart (*Princípios de economia política*), 112

Mitchell, Juliet, 22

Mitscherlich, Alexander (*Sociedade sem pai*), 59

moedeiros falsos, Os (Gide), 236

Montesquieu, 17, 144

Monteux, Pierre, 28-30, 32-33

moral: imposta no paternalismo, 83-84, 85, 87-88, 89-90, 95-96; e legitimidade do sofrimento, 199-201, 204-05

Mosca, Gaetano (*A classe governante*), 37

AUTORIDADE

mulheres, e paternalismo, 84-85
Murger, Henri (*La Vie de Bohème*), 155
Mussolini, Benito, 164, 219-20

Naipaul, V. S. (*Num Estado livre*), 191
Napoleão I, 63, 169
negativismo, e legitimidade da autoridade, 61-72; *ver também* rejeição, vínculos de
New Lanark (Escócia), 84, 86
Nicolau I, czar da Rússia, 79
Nova Guiné, 176, 186

Obradovic, Josip, 235
ocupações, e autonomia, 120-21, 126-27
Orwell, George (*1984*), 70, 94, 255
Owen, Robert, 84

pais, 14, 32; desvinculação da autoridade dos, 181-85; imagens da força dos, 37-40; *ver também in loco parentis*, conceito de
paternalismo, 73-115, 218; vínculo de rejeição criado pelo, 88, 91-103, 113-15; metáfora 'o patrão é um pai', 74, 82-86, 92-103, 109-14, 259; empresarial, 66-68, 74, 84-103, 106-07, 122, 144-45, 230, 246, 253; benevolência egoísta no, 97-100, 109; cerceamento da liberdade pelo, 83, 85, 89-95; ampliação do papel do pai no, 98-100, 109-10; moral imposta pelo, 83-84, 85, 87-88, 89-90, 95-96;

político, 103-08, 112-13, 230, 253; responsabilidade no, 93, 105-08; na sociedade, 71, 83, 97-98, 110, 117-18, 163-64, 176, 220-21; *ver também* família
patriarcado, 75, 99
patrimonialismo, 75-77, 99; declínio do, 76-82
Paz, Octavio, 72
personalidade: integração de elementos da, 217; da administração, e produtividade, 149-50; traços associados à autonomia, 117-22, 163
Piaget, Jean, 16
Pierson, George, 161
Platão, 112
poder: autoridade como interpretação do, 13, 32-35, 115, 206, 219; cadeia de comando como arquitetura do, 223, 225-32, 251; ruptura da cadeia de comando, 223, 224-25, 232-52; desconfiança das metáforas que expressam o, 74-75, 259-60; como dominação, 249-52; e processo de redobramento, 191-92, 196-97; influência como disfarce do, 144, 153-59, 163-64, 231, 254; percepção do, através da desvinculação, 181, 183; como doador de prazer, 171-72, 221-22; relações de, e indiferença, 121-22; escala do, 249-52; sem onipotência, 177-79, 191, 206, 221, 222-23, 248, 249-52; *ver também* autoridade

Pol Pot, 107

política, 13, 31; ruptura da cadeia de comando na, 223, 224-25, 232, 244-45, 250-52; desconfiança das metáforas na, 74-75, 259; e medo da autoridade, 32-33, 208; e liberdade através da autonomia, 162-63; poder legível e visível na, 222-25; negativismo na, 62-64, 71-72; paternalismo na, 103-08, 112-13, 230, 253; tempo e autoridade na, 221-22; universalismo na, 230-32; e vítimas da autoridade, 200-01, 202

poluição, 211-12

proteção, 253; na cadeia de comando, 245-48

Proust, Marcel, 33, 120

psicanálise, 15, 16, 39

psicologia, 13, 15-17; processo de redobramento, 191-99; investigação do eu duplo, 182-83; e liberdade através da autonomia, 161-63; legitimidade e medo da autoridade, 207-09, 212-13; e legitimidade moral do sofrimento, 200-01; e motivação dos empregados, 149-54; e necessidade da autoridade, 38-42; relação entre reconhecimento e diferença, 169-70; social, 16-24; do terrorismo, 209

Pullman, George, 88-103, 114-15, 122, 137-39, 218, 246, 253

reconhecimento: processo de redobramento do, 191-99; Hegel sobre o, 169-74; e libertação, 174, 177, 198-99; relação entre diferença e, 169-70; da ponderação da autoridade, 190; *ver também* consciência; crises de autoridade

regentes (orquestrais), 28-31, 32

Rei Lear (Shakespeare), 94-97, 98, 101-02, 109, 115

rejeição, vínculos de, 28, 43-61, 68, 70-71; da autonomia, 163-65, 174-76; no paternalismo empresarial, 88, 91-103, 113-15; dependência desobediente, 44-45, 60, 71-72, 142, 175-76, 203, 207, 209, 226, 255; fantasia de desaparecimento, 44-45, 58-60, 72, 113-14, 175-76, 226; substituição idealizada, 44-45, 54-58, 60, 72, 164-65, 175-76, 192-93, 196-97, 209, 226, 254; *ver também* crises de autoridade

República Popular da China, 104, 106, 230; troca de papéis na, 244

Revolução Francesa, 61-63, 72, 180, 254

Ribbentrop, Joachim von, 106

Richards, I. A., 109

Ricoeur, Paul (*La Métaphore vive*), 110

ritual, 13-14, 22

AUTORIDADE 269

Rousseau, Jean-Jacques, 74, 144; *Nouvelle Héloïse*, 197; *Contrato social*, 249-50

Ruggiero, Guido de (*História do liberalismo europeu*), 101

Rumjancev, A., 105

Rycroft, Charles, 16

Saint-Just, Louis Antoine de, 190, 201; *Instituições*, 180

Saint-Simon, Claude Henri de Rouvroy, conde de, 86

Salvemini, Gaetano, 260

Sartre, Jean-Paul, 16, 200

Savonarola, Girolamo, 115

Schachtel, Ernest, 189

Schafer, Roy, 16

Schauer, Helmut, 234

Schlegel, August Wilhelm von, 169

Schlumberger, Jean, 187

Schrank, Robert, 243

Schumann, Robert, 31

Sévigné, Madame de, 144

Shakespeare, William, *ver Rei Lear*

Shorter, Edward, 102

Sieyès, abade Emmanuel, 224

Simon, Herbert, 155-56, 231

Sindicato Norte-americano dos Caminhoneiros, 126

Sitte, Camillo, 250

Smiles, Samuel, 69

Smith, Adam, 64, 228

socialismo, 203; paternalismo no, 103-07

sociedade, 207; consciência do trabalho na, 144-45; cadeia de comando na, 228, 232-34, 245; democrática, 223-25; dependência na, 66-84; vínculos afetivos/emocionais da, 13-24; implicações da autonomia na, 126-34, 163-64; industrialização, da, 65-71, 81-82, 163, 174-76, 249-51; monumentos à autoridade na, 31-33; paternalista, 71, 83, 97-98, 110, 117-18, 163-64, 176, 220-21; consciência infeliz na, 177; vítimas na, 190-91, 199-206; *ver também* comunidades

Sófocles, 177

solidão, 13-14, 22

Sorel, Georges (*Reflexões sobre a violência*), 20

Stalin, Joseph, 104-105, 106, 114, 123, 218, 253

Supek, Rudi, 153

Taylor, Frederick Winslow, 150

terrorismo, 209

Thernstrom, Steven, 82

Tilly, Charles, 102

Tocqueville, Alexis de, 66; *Democracia na América*, 18, 159-63

Toscanini, Arturo, 29, 32

Touraine, Alain, 204

trabalhadores, *ver* mão-de-obra

trabalho: práticas cooperativas no, 153-54; consciência independente através do, 172; qualidade da experiência no, 144-45, 147; rejeição no, 54-58; relação da motivação com a produtividade no, 144-54; *ver também* indústria; mão-de-obra; administração/direção; paternalismo: empresarial

Tressell, Robert (*Os filantropos de calças esfarrapadas*), 125

Trilling, Lionel (*Além da cultura*), 71

Tucídides (*História da Guerra do Peloponeso*), 227

Turgueniev, Ivan (*Pais e filhos*), 210, 211

União Soviética: socialismo paternalista na, 103-06; autodisciplina na, 133

Valéry, Paul, 189

vergonha: no paternalismo empresarial, 99-101; e dependência na sociedade industrializada, 66-72, 254; como instrumento disciplinar, 128-34, 176

Vico, Giambattista, 17

vida rural, idealização da, 73

violência: desgaste da, como instrumento disciplinar, 128-31; medo da, 131-32; do terrorismo, 209; guerra como ato de, 226

vítima, nas crises de autoridade, 190-206; e processo de redobramento, 191-99, 245-46; e empatia, 191-92, 197, 205-06, 223, 245; exaltação do sofrimento da, 190-91, 199-201, 203-06; "pacto secreto" da, 203-04; danos auto-infligidos da, 190, 202-04; na sociedade, 190-91, 199-206

Walkowitz, Daniel (*Cidade de trabalhadores, vila da empresa*), 102

Waltham (Massachusetts), 84-86, 88, 97

Weber, Max, 34-36, 41-42, 50, 56, 63, 121, 148, 208

Wilde, Oscar, 203

Wollheim, Richard, 191-92

Yankelovich, Daniel (*O trabalho na América*), 149

Zamyatin, Eugene (*Nós*), 70

Este livro foi composto na tipologia Aldine 401 BT,
em corpo 11/15, e impresso em papel off-white,
no Sistema Digital Instant Duplex
da Divisão Gráfica da Distribuidora Record.